Amir Haddad

de todos os teatros

Amir Haddad

de todos os teatros

orgs.
Claudio Mendes
Gustavo Gasparani

Cobogó

Sumário

Algumas palavras sobre o livro,   7
por Claudio Mendes e Gustavo Gasparani

1. Amir Haddad: Múltiplo por excelência,   11
por Daniel Schenker

2. Na sala de ensaio,
por Amir Haddad   77

3. Arte pública,
por Amir Haddad   121

Algumas palavras sobre o livro

Somar forças com Amir Haddad para elaborar seu primeiro livro, além de um imenso prazer, foi também uma revisitação de nossas histórias, de nossa formação e, sobretudo, uma confirmação da importância e da oportunidade que o destino ofereceu quando nos encontramos com ele, logo no princípio de nossas carreiras.

Não há dúvida de que se nossos caminhos não tivessem se cruzado, tudo seria diferente. Éramos muito novos! Nem sabíamos direito o que era teatro, mas já estávamos aprendendo a ser livres em nosso futuro ofício. LIBERDADE, essa palavra é a base de todo o ensinamento de Amir. E lidar com ela nem sempre é fácil. Mas alcançá-la em cena é um deleite para quem atua e para quem assiste. A experiência teatral viva e pulsante: foi esse o maior bem que ele nos transmitiu.

Numa tarde, em plena pandemia, fomos visitá-lo. E foi lá, em sua casa, no alto de Santa Teresa, no Rio de Janeiro, diante de uma baía de Guanabara radiante e abençoada pelo voo das gaivotas, que surgiu a ideia deste livro. Um livro necessário para estudantes de teatro, atores, diretores, mas também para qualquer pessoa que busque enxergar a vida de maneira mais livre, consciente, com espírito de coletividade e cidadania.

Há tempos insistíamos para que Amir ministrasse um curso para diretores. Seu conhecimento de dramaturgia e sua inconfundível forma de revelar o texto para os atores num processo de ensaio são únicos e precisavam ser compartilhados. Quem teve oportunidade de vivê-los jamais esquecerá. "Por que e para que iremos encenar esta peça?" Aos poucos, as respostas a essas perguntas feitas por Amir vão revelando o autor do texto, sua época e como o seu universo atravessa a nossa vida. Mas e aqueles que não tiveram a mesma sorte de encontrar esse mestre pelo caminho?

Confrontarmo-nos com o acervo de Amir foi uma tarefa hercúlea: foram inúmeros arquivos pesquisados, páginas lidas, desenhos, escritos e anotações devorados. O maior desafio era selecionar, diante de tantas pérolas, o que melhor representaria o pensamento desse mestre do teatro brasileiro. Muitas tardes, algumas manhãs, muitas broas, muitos bolos, lanches, risadas, afetos, desesperos (esses apenas de nossa parte) e a certeza de estarmos fazendo algo importante para a cultura, afinal, nada poderia ser melhor que expressar a grandeza de seus ensinamentos através da elaboração de um livro.

Era importante abrir o livro apresentando ao leitor a dimensão da trajetória de Amir e seu legado. No primeiro capítulo, convidamos o crítico, professor e jornalista Daniel Schenker para escrever, com seu olhar apurado, um artigo sobre Amir — o homem de teatro e sua contribuição para a cena teatral brasileira. Em seguida, no segundo capítulo, o leitor entrará na sala de ensaio com o professor e diretor Amir Haddad: ler um texto teatral, dissecá-lo, interpretar e reinterpretar, errar para acertar. Como um ator, o leitor ouvirá (lerá) suas frases e seus pensamentos mais preciosos. E, para concluir, no terceiro capítulo, Amir expõe seu pensamento sobre Arte Pública — conceito desenvolvido por ele mesmo ao longo dos anos. Trata-se de uma concepção única do fazer teatral, liberto do espaço institucional para ganhar o espaço da esfera pública, das ruas e das praças, estreitando a distância com a plateia e indo na contramão de um teatro convencional. *Amir Haddad de todos os teatros*, título deste livro dado pelo próprio Amir, mostra que quando o assunto é teatro, ele joga nas 11 — para usar uma analogia do futebol, esporte que tanto inspirou sua forma de pensar o ofício de atuar.

Ao materializar seus ensinamentos neste livro, Amir nos disse que pôde, enfim, se livrar da maldição de Onan, o mortal que engravidou uma deusa e que, como castigo, foi condenado a não mais reproduzir. Sua semente, desperdiçada, não fertilizaria mais ninguém. "Eu muitas vezes me senti assim", revelou Amir, "espalhando minha semente a esmo, sem orientação de onde a estava depositando, com a sensação de não estar sendo fértil, e de que aquilo jamais iria brotar". Os atores que têm o privilégio de trabalhar com Amir são provas vivas da fertilidade de suas sementes que germinaram. Agora, a palavra escrita livra-o da maldição de Onan, disseminando o melhor de seu pensamento. Citando Castro Alves: "O livro caindo n'alma é germe que faz a palma, é gota que faz o mar!"

Boa viagem! Evoé!

Claudio Mendes e Gustavo Gasparani

1. AMIR HADDAD: MÚLTIPLO POR EXCELÊNCIA

por Daniel Schenker

Artista com identidade própria e bastante conhecida, Amir Haddad é porta-voz de um teatro popular e atravessado por pulsão de vida. Um teatro que se libertou do espaço institucionalizado e ganhou as ruas estabelecendo proximidade com uma ampla quantidade de espectadores. Mas Amir não é "apenas" o diretor de uma única vertente, por mais importante que ela seja. Ao longo do tempo, vem demonstrando a habilidade de se conectar com os mais variados formatos e propostas. Defende o teatro ao ar livre por meio de seu grupo, o Tá Na Rua, sem se fechar para as possibilidades cênicas da sala fechada. Resgata a arte coletiva em espetáculos compostos por elencos numerosos sem deixar de supervisionar monólogos concebidos a partir de pesquisas específicas dos intérpretes. Lidera ou integra os núcleos de diversas companhias — além do Tá Na Rua, cabe mencionar as experiências anteriores com o Oficina, A Comunidade e o Grupo de Niterói — sem se opor às produções avulsas. Assume amplo perfil político tanto por meio da contundência quanto pela via do humor. Como ele mesmo afirma:

> Trabalho para as plateias homogeneizadas dos teatros de classe média da Zona Sul do Rio de Janeiro e para todo e qualquer tipo de público das praças e ruas da cidade. Os mendigos me beijam, assim como os intelectuais. Circulo de uma região para outra com muita

facilidade. Eu me vejo como um camaleão que se ajusta a cada meio ambiente, tirando o maior proveito das oportunidades. Sentiria incômodo se houvesse encaminhado meu trabalho para uma única direção. Se eu tivesse ficado prisioneiro da cena italiana, do palco tradicional, da quarta parede e de uma espécie de realismo mimético de um tipo de teatro, estaria muito mal. É a promiscuidade artística que faz com que eu não tenha um câncer ou um AVC, com que não somatize nenhum tipo de insatisfação.

Primeiros passos no Oficina

A trajetória profissional de Amir começou de maneira impactante, com a participação na fundação do Teatro Oficina, que nasceu na Faculdade de Direito da Universidade de São Paulo (USP), no Largo São Francisco, em São Paulo, no emblemático ano de 1958, momento em que o Teatro de Arena alavancava com a montagem de José Renato para *Eles não usam black-tie*, de Gianfrancesco Guarnieri. As grandes companhias empresariadas continuavam movimentando o palco por meio de espetáculos requintados em termos de produção e assinados por encenadores europeus — havia pouco espaço para o diretor brasileiro se projetar — que revolucionavam a concepção cênica e o registro interpretativo até então em vigor. Os elencos passaram a se submeter às conduções dos diretores, decorando e estudando as peças (com repertório oscilando entre o clássico e o comercial), ainda que essa obediência não tenha anulado a hierarquia entre os atores. Dentro desse panorama havia nuances entre o Teatro Brasileiro de Comédia (TBC), companhia fundada pelo industrial italiano Franco Zampari, que enfrentava dificuldades crescentes, e a Companhia Maria Della Costa, empresariada por Sandro Polônio, mais sólida naquela fase. Já o Arena imprimia um perfil mais politicamente engajado por meio de uma dramaturgia voltada para a realidade dos menos abastados e do que se convencionou chamar de um estilo brasileiro de representar, em que pese, porém, a inegável influência norte-americana no grupo, a julgar tanto pela configuração da arena (com a qual entraram em contato a partir de escritos da encenadora Margo Jones) quanto pela entrada de Augusto Boal, recém-chegado dos Estados Unidos.

Nesse contexto surgiu o Oficina. Amir conheceu José Celso Martinez Corrêa, Renato Borghi, Carlos Queiroz Telles e Moracy do Val dentro da faculdade. Ele discorre sobre aquele momento:

> O diploma universitário era uma ambição de qualquer família de classe média. Quando terminei o ginásio, já tinha em mente a universidade e fui fazer o clássico, destinado a todos que se encaminhavam para a área de humanas. O curso de Direito era uma possibilidade para mim, levando-se em conta que eu não tinha nenhuma vocação para as outras opções, que eram medicina e engenharia. A faculdade propiciaria contato com latim e com uma literatura que me atraía. Uma das minhas irmãs fazia filosofia em São Paulo, mas, naquela época, isso não era alternativa para um rapaz. E outros dois irmãos haviam cursado Direito em Bauru (SP).

A faculdade não arrebatou, em nenhum momento, Amir, que não chegou a se formar. "Eu me arrependo de não ter terminado por causa da aposentadoria. A minha é de professor de nível médio. Sempre fui arredio ao mundo acadêmico", diz. Amir juntou-se aos colegas que também repudiavam o curso e, com eles, fundou o Oficina. Manteve-se na companhia na fase inicial, amadora, marcada pela adesão ao pensamento existencialista, que começou com a montagem de *Vento forte para papagaio subir*, texto de teor autobiográfico de Zé Celso, e *A ponte*, de Carlos Queiroz Telles, peças em um ato encenadas por Amir em espetáculo único. Nessa fase, o grupo também montou textos de Jean-Paul Sartre — *As moscas* e *A engrenagem* (o segundo, um roteiro cinematográfico adaptado por Augusto Boal e Zé Celso) —, que visitaria o Brasil em 1960. E se dedicou a encenações de textos curtos para serem apresentados nas casas da burguesia paulistana, estratégia para a viabilização da montagem de *A incubadeira*, outro texto de Zé Celso.

Um profissional fundamental para o Teatro Oficina e, em particular, para a trajetória de Amir foi Paschoal Carlos Magno, idealizador do Teatro do Estudante do Brasil (TEB), uma das principais companhias de renovação da cena brasileira rumo ao teatro moderno, marcada por montagens como *Romeu e Julieta*, de William Shakespeare, dirigida por Itália Fausta, em 1938, e *Hamlet*, também de Shakespeare, assinada por Hoffmann Harnisch, em 1948. Ao longo do tempo, outros profissionais (Esther Leão, José Jansen e, em especial, Maria Jacintha) assumiram postos de destaque no Teatro do Estudante, ainda que não propriamente uma liderança como a de Paschoal, que precisou se ausentar do Brasil durante alguns anos para cumprir carreira diplomática. Mas ele ocasionalmente voltava ao país. Assim que possível, retomou contato direto com o teatro brasileiro. "Eu sou cria do Paschoal e, de certa forma, o Oficina. Lembro dele assistindo aos ensaios de *A incubadeira*. Graças a Paschoal levamos a montagem ao II Festival de Teatro Amador de Santos", lembra.

A conexão do grupo com o Centro Acadêmico XI de Agosto da Faculdade de Direito permitiu a apresentação no festival, que rendeu a Amir o prêmio de melhor direção. "Foi algo que me deu notoriedade. Por meio desses festivais, Paschoal mobilizava a juventude inquieta. As pessoas montavam espetáculos a fim de levar para os festivais do Paschoal. Grandes encenações surgiram assim. Nunca foi dada a importância justa ao trabalho dele", analisa. Amir, inclusive, mora hoje em Santa Teresa, no Rio de Janeiro, bem perto de onde foi a casa de Paschoal, que criou ali o Teatro Duse, espaço voltado para o estímulo a novos artistas (em especial, autores).

O festival de Paschoal projetou *A incubadeira*, que fez temporada de dois meses no Teatro de Arena. Havia naquele momento uma conexão entre os dois grupos — Arena e Oficina, nesse instante inicial ainda destituído de engajamento político —, que chegaram a cogitar uma união e realizaram conjuntamente a montagem de *Fogo frio*, peça de Benedito Ruy Barbosa sob direção de Augusto Boal, que também assinou a encenação de *A engrenagem*. Poucos anos depois, o Oficina montou uma peça de Boal, *José, do parto à sepultura*, sob a direção de Antonio Abujamra. Vale dizer que tanto o Arena quanto o Oficina foram atravessados pela influência do TBC. No Arena, por aproximação e distanciamento. Nos anos inaugurais, o grupo investiu numa linha dramatúrgica algo indefinida que lembrou, mesmo que longinquamente, a oscilação de repertório da companhia de Zampari. Na imediata sequência, porém, o Arena assumiu perfil militante com a entrada de integrantes do Teatro Paulista do Estudante (TPE) e passou a firmar oposição a um teatro sem maiores ambições políticas como o do TBC. No caso do Oficina, em sua primeira fase profissional, no começo dos anos 1960, a companhia revelou conexão com o TBC por meio da adesão à dramaturgia realista norte-americana com *Um bonde chamado desejo*, de Tennessee Williams — o grupo também encenou *A vida impressa em dólar*, de Clifford Odets, e *Todo anjo é terrível*, de Ketti Frings, baseado no romance de Thomas Wolfe —, e da difusão do realismo stanislavskiano a partir da contribuição de Eugenio Kusnet.

O Oficina desenvolveu trajetória intensa, mas Amir só participou do começo do percurso. A montagem de *A incubadeira* marcou justamente sua saída do grupo. O equilíbrio inicial, com Zé Celso como dramaturgo e Amir como diretor, não durou muito tempo. Amir evoca aquele momento:

> Zé Celso despontou como encenador. E de maneira muito expressiva. Quando precisei me ausentar de poucos ensaios de *A incubadeira*, ele me substituiu. Ao voltar, percebi que havia proposto algo melhor do que eu vinha fazendo. Mas, com isso, a companhia passou a ter dois diretores. Um dia, cheguei ao teatro e vi que tinham trocado a fechadura. Eu, Moracy e Carlos não recebemos a chave nova. Não havia notado nenhuma situação de conspiração ou mal-estar. Também não houve aviso. Percebi a situação e naquele momento mesmo me desfiz das minhas chaves. Eu me afastei, não os procurei, não perguntei o que tinha acontecido. E nem eles me ligaram.

Muitos anos depois, em 2000, supervisionou um ciclo de leituras, intitulado *60 AC/DC*, de peças encenadas durante a ditadura. Entre elas, *Roda viva*, de Chico Buarque, em leitura dirigida pelo mesmo Zé Celso que assinou a montagem original em 1968.

O Teatro Oficina se transformaria radicalmente ao longo dos anos 1960. Amir também deu uma guinada durante essa década, ainda que em sentido diverso. De início, desvinculado da companhia, passou a dirigir em outros coletivos, como Pequeno Teatro de Comédia e Companhia Nydia Lícia — na segunda, assinou as montagens de *Apartamento indiscreto*, de Claude Magnier, e *Quarto de despejo*, de Carolina Maria de Jesus, no Teatro Bela Vista. "Comecei a ter contato com atores de mercado. Em *Apartamento indiscreto*, o protagonista era Tarcísio Meira. Gostava, em especial, do trabalho de Celia Biar em *Quarto de despejo*", elogia Amir, mencionando a atriz ligada aos quadros do TBC. "Acostumada a interpretar personagens grã-finas, ela fazia uma alcoólatra que morava numa favela."

Calorosa ascendência árabe

Algumas dessas incursões aparentemente soltas foram importantes na trajetória de Amir. É o caso de sua direção para *O menino de ouro*, de Clifford Odets, primeiro espetáculo do Teatro de Arte Israelita Brasileiro (Taib), inaugurado, em 1960, no Bom Retiro, na época bairro tradicionalmente judaico. "Foi uma experiência que fortaleceu a minha autoestima depois da saída do Oficina. Eu era um jovem diretor árabe trabalhando numa instituição israelita e nunca houve qualquer problema", observa Amir, trazendo à tona a sua origem familiar. Filho de Jorge Abraão Haddad e Nacima Camilo Abraão, Amir nasceu em Guaxupé (MG), em 1937, e aos 5 anos foi morar em Rancharia (SP), onde viveu até os 14 em meio a uma família bastante grande e afetuosa, unida em torno de uma mesa calorosa, repleta de gente. "Éramos a única família árabe numa pequena cidade do interior — portanto, estranhos no ninho. É como se fôssemos os únicos árabes no universo."

Na escola primária, participou de uma peça realizada pelos professores, na qual entregava um telegrama. Junto com a irmã,

Nair, Amir ouvia as novelas da Rádio Nacional, hábito que possivelmente deu origem ao seu elo com o teatro. À medida que desenvolveu sua carreira, já longe de Rancharia, Amir conquistou a admiração do pai, mesmo que ele não tenha expressado diretamente. "Um dia mexi numa das gavetas do meu pai e encontrei vários recortes de matérias sobre o meu trabalho. Ele nunca me falou que fazia esse clipping." A figura do pai se revelou particularmente presente na viagem que Amir fez ao Egito, por ocasião de um festival de teatro realizado no Cairo.

> Eu me reconheci como raça, origem, cultura. O que eu considerava como particularidades do meu pai, identifiquei no Cairo. Eu me deparei com um mundo imenso sobre o qual não tinha nenhum conhecimento. Andando pelas ruas de lá, tudo era o meu pai: o que ele falava, sentia, pensava e o que eu intuía. Antes eu tinha muita dificuldade de reconhecer meu pai e afirmar a identidade dele.

Amir também teve contato intenso com os irmãos. À medida que o tempo passava, cabia aos mais velhos cuidar dos mais novos, como Amir, penúltimo entre os oito irmãos. Uma característica potencializada pelo fato de a mãe ter morrido nova, aos 45 anos. "O primogênito instantaneamente ocupava o lugar do pai na relação familiar. O mesmo valia para a minha irmã mais velha, Nair. Ela tinha consciência da grandeza desse papel. Já adulto ia para a casa dela e ficava a tarde inteira na cozinha, que era uma festa. Não parava de oferecer comida. E sempre muito conversadeira."

Ao mesmo tempo, Amir se preocupou em afirmar uma identidade desatrelada da família, o que talvez explique o fato de a ascendência árabe não aparecer como foco temático nos trabalhos que assinou ao longo dos anos.

Investi muito no rompimento com a vida familiar, sem nenhuma briga. Achava essencial assumir as rédeas da minha existência, afirmar a minha independência emocional, intelectual e material. Com essas conquistas, as relações familiares melhoraram. Mas de maneira inevitável a minha família permaneceu determinante nos meus atos e gestos. Nunca deixei de comer quibe e esfirra, costume que conservei bem antes de esses salgados serem popularizados. Simbolizavam envolvimento familiar.

A intensidade dos vínculos familiares se traduziu, no trabalho de Amir, na valorização dos coletivos em épocas marcadas pela tendência por montagens centradas em poucos atores em virtude das limitações de produção. "Acho que a afetividade por esse universo se manifestou no modo como me relaciono com os atores, no lado amoroso da produção de afetos dentro de um grupo de trabalho. Tem muito a ver com o meu crescimento e a minha formação emocional dentro de uma família árabe." Além disso, é provável que as lembranças desse mundo pessoal tenham vindo indiretamente à tona nas direções de Amir para as peças de Zé Celso, que também utilizou como matéria-prima suas vivências juvenis na Araraquara (SP) natal. "Dirigi com muito prazer esses textos. Não pensava diretamente no meu passado no interior. Mas ao abordar a vida dele, estava falando sobre a minha. Havia esse ponto de identificação entre nós."

Um novo Brasil em Belém

Outro acontecimento que encaminhou Amir para as artes foi o primeiro contato que teve com o teatro como espectador.

Estudava no Colégio Estadual Presidente Roosevelt, uma ótima escola em São Paulo. Frequentava o curso noturno, o que foi bom porque estabeleci contato com uma juventude mais consistente, que trabalhava de dia, alguns mais velhos e mais sérios que eu, com pensamentos mais consequentes em relação à vida. Na aula de português, lia os poetas modernos, como Carlos Drummond de Andrade. Numa determinada ocasião, encontrei um tablado armado no pátio do colégio. As aulas foram suspensas para a apresentação de uma montagem. Era *Uma mulher e três palhaços*. Nunca tinha visto teatro.

Este relato de Amir se refere a uma das primeiras realizações do Teatro de Arena, uma encenação a cargo de José Renato, da peça de Marcel Achard, com Sergio Britto e Eva Wilma no elenco, em 1953, antes de o grupo assumir o perfil engajado. "Fiquei muito impressionado, assistindo encostado no balcão da cantina. Ali alguma coisa se transformou definitivamente dentro de mim", dimensiona.

Pouco tempo depois, Amir se tornaria espectador das montagens do Teatro Brasileiro de Comédia e da Companhia Maria Della Costa. "Eu me sentia atraído pelas peças do Abílio Pereira de Almeida, um dramaturgo que falava da vida louca, devassa, corrupta, romântica da classe média alta de São Paulo. Eu ia ver personagens da vida real. Era o teatro pulsante de realidade", observa, mencionando o autor brasileiro encenado com frequência no TBC. Mas a carreira de Amir não seguiu percurso previsível. Depois de se desligar do Oficina, ainda em seu início profissional, não hesitou em alterar a rota de maneira radical ao trocar a efervescência da capital paulista por Belém do Pará.

O convite surgiu de uma amiga, Maria Sylvia Nunes, diretora do Norte Teatro Escola, grupo de Belém que, como o Teatro Oficina, ganhou força numa das edições do Festival Nacional de

Teatro de Estudantes, capitaneado por Paschoal Carlos Magno, com a montagem de *Morte e vida Severina*, de João Cabral de Melo Neto, conduzida pela própria Maria Sylvia. Amir encontrou com ela no festival, em Porto Alegre. "Ela me disse que a Universidade Federal do Pará estava querendo fazer um curso de um ano de iniciação ao teatro. Acabei ajudando a implantar esse projeto." Sem perspectivas de fundar um grupo em São Paulo e tendo de conciliar o teatro com o trabalho como funcionário público — "trabalhei na Secretaria de Cultura de São Paulo juntamente com Sergio Mamberti e Edgard Gurgel Aranha" —, encarou a mudança com considerável dose de destemor. "Naquela época, Belém era muito mais isolada. Nem a televisão fazia a ligação com o resto do país." A partir daí, alargou seus horizontes ao entrar em contato com uma realidade brasileira bem mais ampla do que aquela que, até então, conhecia.

> Foi definitivo. Mudou totalmente a minha vida. Antes eu achava que só se fazia teatro naquela região onde eu vivia em São Paulo, basicamente resumido ao Teatro Brasileiro de Comédia, ao Teatro de Arena e ao restaurante Gigetto, ponto de encontro da classe artística. Quando fui para o Pará, o Brasil inteiro se revelou para mim. Durante o voo atravessei toda a Floresta Amazônica, olhando para baixo e vendo aquela imensidão de verde.

Essa disponibilidade ao risco, ao desconhecido, fez com que Amir se abrisse para variadas possibilidades, vertentes e linguagens teatrais, amplitude que vem atravessando sua carreira.

> Cheguei em Belém e, na primeira noite em que saí para a escola de teatro, pisei na grama molhada do jardim da casa de Maria Sylvia

porque lá chovia muito, toda tarde. Também reparei que era escuro. Perguntei para ela se a gente se acostuma. Ela disse: "De jeito nenhum." Pensei: "Então é isso." E me despreocupei. Entrei em contato com outra realidade, com pessoas diferentes — jovens atores sem experiência, alguns vindos de grupos de teatro. Com pouco mais de 20 anos passei a dar aula. Precisei repensar o meu saber. Ainda não tinha um cabedal de informação. Fui ensinar o que não sabia. Estudei para ensinar e fui aprendendo muito na medida em que ia ensinando.

Chamado para permanecer um ano, acabou ficando três. Em Belém, ganhou uma bolsa de estudos que garantiu uma temporada nos Estados Unidos. O elo de Amir com Belém não se restringiu a esse período inicial. Décadas depois criou, a convite de Zélia Amador de Deus e Margareth Refkalefsky, então professoras da Universidade Federal do Pará, o *Auto do Círio de Nazaré*.

O período do Círio de Nazaré em Belém, em outubro, é de muita efervescência religiosa, comercial, gastronômica e cultural. Num dos meus retornos a Belém, me disseram que a vida cultural associada à festa do Círio havia desaparecido. Só permaneceram os lados religioso e pagão. Começamos a pensar numa maneira de restaurar essa tradição. Fiquei tocado pelo desafio. Propus que criássemos uma procissão de natureza cultural. Assim nasceu o *Auto do Círio*. Fizemos uma mobilização em busca de atores. Centenas de pessoas se inscreveram. Trabalhei muito com elas o significado de um cortejo, de uma celebração religiosa. Esmiuçamos o sentido que aquela festa tinha para a cidade e procuramos refazer a experiência sem ligação direta com a questão religiosa. Realizamos, então, uma procissão pela cidade velha de Belém do Pará. Durante a caminhada, ocorriam paradas. Em cada parada, dramatizávamos cenas da vida paraense, ressaltando o patrimônio imobiliário antigo da cidade. Desde o início, deu certo. O povo voltou para a rua. A cidade colocou os seus afetos e sentimentos.

Amir realizou o *Auto* durante dois anos seguidos (1993 e 1994), passando depois a condução do evento para Miguel Santa Brígida.

Inovação na passarela do samba

O *Auto do Círio de Nazaré* evidencia a conexão de Amir com grandes festas populares. "Procuro recuperar a dramaticidade desses acontecimentos, estabelecer uma visão sobre a dramaturgia existente em qualquer festa popular e através dela produzir um evento de qualidade com participação coletiva de toda a cidade." Amir também capitaneou iniciativas desse porte no Rio Grande do Norte e na Bahia. "No aniversário de Salvador fiz um belo cortejo e Rosa Magalhães desenhou os carros e vestiu os atores. Eu, um diretor de teatro de espaços abertos, estabeleci uma ótima ligação com Rosa, uma carnavalesca."

O entrosamento com Rosa Magalhães não foi a única aproximação de Amir com o Carnaval. Antes de mais nada, fez parte do corpo de jurados do desfile das escolas de samba. E não há como esquecer a importante parceria que estabeleceu com outro carnavalesco, Joãosinho Trinta, no histórico "Ratos e urubus, larguem minha fantasia", desfile da escola de samba Beija-Flor de Nilópolis, apresentado na Marquês de Sapucaí em 1989. Amir ensaiou cerca de duzentos atores num desfile que gerou catarse e polêmica — a Arquidiocese do Rio de Janeiro proibiu o carro alegórico do Cristo Mendigo e a solução foi cobri-lo com plástico e colocar a faixa com a frase "Mesmo proibido, olhai por nós". "O meu encontro com Joãosinho foi fantástico. Eu teatralizei o Carnaval e ele carnavalizou o teatro. Se a Beija-Flor tivesse vencido naquele ano, todos os carnavalescos precisariam correr atrás de uma renovação. Mas não foi o que aconteceu", lamenta Amir, referindo-se à vitória da Imperatriz Leopoldinense com o enredo "Liberdade, liberdade, abre as asas sobre nós", do carnavalesco Max Lopes. "O tradicional ganhou e está instalado até hoje. O rompimento dos mendigos da Beija-Flor não se configurou completamente", opina. Amir também teve outra incursão ao lado de Joãosinho no Carnaval carioca, no desfile da Acadêmicos da Grande Rio, em 2001, em homenagem ao Profeta Gentileza ("Gentileza, o profeta saído do fogo"), e relata:

> Fiz uma ala contundente sobre violência policial. Os meus atores realizaram uma demonstração na Praça da Apoteose. Joãosinho me abraçou e chorou. Um fotógrafo do jornal *O Globo* fez fotos poderosas com a encenação de um policial espancando pessoas. Imediatamente gerou reações tanto de autoridades quanto da Liga Independente das Escolas de Samba do Rio de Janeiro (Liesa). A minha ala desfilou com os atores com um buquê de flores na mão esquerda e fazendo sinal de paz e amor na mão direita — todos com cara de cemitério. Fiquei desolado. O Carnaval traz uma possibilidade enorme de espetáculo, mas está submetido a certos valores.

Apesar dos percalços, Amir não encerrou seu casamento com o samba. Basta dizer que, em 2005, foi homenageado pelo Grêmio Recreativo Escola de Samba Unidos do Cabral com o enredo "Amir Haddad — da Lapa ao Cabral — carnavalizando o teatro, teatralizando o Carnaval", que contou com intensa participação do grupo Tá Na Rua na preparação do desfile.

Macambira com o Tuca

O elo com a arte popular, que desembocaria, no início dos anos 1980, na fundação da companhia Tá Na Rua, surgiu cedo na jornada de Amir. Com o golpe militar, concluiu seu período em Belém e planejou a volta para São Paulo. "O final da década de 1950 e o início dos anos 1960 foram muito ricos, estimulantes, repletos de sentido de utopia. O que conquistamos até 1964 nos deu força para enfrentar o pior período da ditadura."

Quando saiu de Belém, Amir, em vez de voltar para São Paulo, acabou se estabelecendo no Rio de Janeiro. Desembarcou para passar um fim de semana na casa do ator Sergio Mamberti. De início, estendeu a permanência na cidade devido a um convite que recebeu da atriz Maria Pompeu para dirigir *Receita de Vinicius*, encenação com músicas e poemas de Vinicius de Moraes realizado no Teatro Miguel Lemos, em Copacabana, com sucesso. Foi o seu ingresso no mercado teatral carioca, logo desenvolvido por meio de montagens despretensiosas como *Inspetor, venha correndo*, peça de Pedro Veiga e Pernambuco de Oliveira, que segue à risca as engrenagens da comédia policial, e *A dama do camarote*, comédia de costumes de Castro Viana.

Mobilizado pela atividade de professor exercida nos anos em que morou em Belém, Amir passou a dar aula na Escola de Teatro Martins Penna e no antigo Conservatório Nacional de Teatro — naquele momento rebatizado de Federação das Escolas Federais Isoladas do Estado da Guanabara (Fefieg), que, em 1975, se tornaria Federação das Escolas Federais Isoladas do Estado do Rio de Janeiro (Fefierj) e, em 1979, Universidade Federal do Estado do Rio de Janeiro (Unirio). Mais tarde, como professor convidado, trabalhou na Escola Internacional de Teatro da América Latina e do Caribe, em Cuba. "A escola ficava em Machurrucuto, uma aldeia de gado leiteiro perto de Havana. Encerrei com um espetáculo na praça da cidade, local onde ensaiava. A população — em especial, crianças e donas de casa — se integrou conosco."

A comunhão coletiva também veio à tona no trabalho realizado com o Teatro Universitário Carioca (Tuca), no Rio de Janeiro. Com esse grupo — inspirado no Tuca de São Paulo, que, sob a condução de Silnei Siqueira e Roberto Freire, encenou *Morte e vida Severina* —, Amir montou, em 1967, *O coronel de Macambira*, de Joaquim Cardozo. Não se tratou de uma experiência isolada. "Mobilizamos jovens secundaristas e eventuais universitários. Realizei oficinas com eles durante mais de um ano, até chegar no núcleo de atores do espetáculo", relembra. Durante o intenso processo, o grupo pesquisou sociologia (sob a orientação de Colmar Diniz), folclore (sob a condução de Maria Helena Silveira), crítica literária (a cargo de Luiz Costa Lima) e música (capitaneada por Sergio Ricardo, autor das cerca de 25 músicas, fundamentais para o espetáculo).

Essa imersão sugere o caráter popular do universo de Joaquim Cardozo, calcado na tradição do bumba meu boi. "O bumba meu boi é um auto ambulante, que sai pelas ruas. Como transportar essa tradição para cima do palco? O cenário de Sara Feres consistia num círculo grande formado por ruas que desembocavam numa praça, em formato de estrela", descreve Amir, destacando a cenografia de Sara, que também ficou responsável pelos elogiados figurinos. A experiência rende frutos até hoje. "Às quintas-feiras e aos sábados realizamos o Re-Acordar com alguns dos remanescentes do grupo. Trabalhamos em cima de uma adaptação sintética e interessante do texto intercalada pelas falas dos atores sobre como era na época em que estavam na faixa dos 20 anos e participavam do espetáculo. Trazemos à tona 50 anos de história. Queremos fazer apresentações ao vivo de O coronel de Macambira acrescentado das memórias do Re-Acordar", informa.

A Comunidade: rompimento com as convenções teatrais

A necessidade de permanecer vinculado ao trabalho em companhia também remete à criação do grupo A Comunidade, no conturbado ano de 1968, que se apresentou no Salão de Exposições do Museu de Arte Moderna do Rio de Janeiro (MAM Rio), explodindo, portanto, com as amarras do palco tradicional na realização do que ficou definido como um teatro de invenção. Amir e Paulo Afonso Grisolli se revezariam na direção dos espetáculos. "Grisolli era um diretor com vida e energia, que andava bem com as próprias pernas. Embora estivesse ligado a grupos, não era exatamente um profissional voltado para o coletivo. Fomos muito amigos numa época em que eu ainda não estava firmemente baseado no Rio de Janeiro. A relação com ele me deu identidade, segurança." Outros parceiros fundamentais que integraram os processos criativos do grupo foram Glorinha Beutenmüller, Cecília Conde, Nelly Laport, Marcos Flaksman, Colmar Diniz e Tite de Lemos. Integrando os elencos de parte dos espetáculos, Jacqueline Laurence, Maria Esmeralda, Carmen Sylvia Murgel, Duse Nacaratti, Rubens de Araújo, Norma Dumar e Mario Jorge.

O ponto de partida foi dado com *A parábola da megera indomável*, texto e direção de Grisolli. Na sequência veio *A construção*, de Altimar Pimentel, sob a condução de Amir. "A censura proibiu a encenação. Grisolli, então, já queria partir para a terceira montagem do grupo. Mas eu disse que não deveríamos baixar a cabeça, que caberia lutar pela liberação. Ele não participou dessa luta e acabou se afastando", conta. Enquanto reivindicavam a liberação, os integrantes pagaram uma mensalidade, para viabilizar a permanência do grupo nesse instante marcado pela indefinição, e continuaram ensaiando, o que fez com que o espetáculo estreasse bastante amadurecido na dramaturgia (que Amir teve a liberdade de intervir), na concepção espacial e no registro interpretativo dos atores. "Descobri as virtudes de um processo de ensaio demorado", observa. *A construção* finalmente estreou e se tornou um sucesso, rendendo o Prêmio Molière de melhor direção. À frente do grupo, Amir montou ainda *Agamêmnon*, parte da *Oresteia*, do tragediógrafo Ésquilo, e *Depois do corpo*, de Almir Amorim, centrado no embate de três jovens diante da vida.

"Não recorri à cenografia em *Depois do corpo*. Os atores andavam em meio aos espectadores numa sala do MAM", descreve Amir. O grupo já não contava mais com a amplidão dos espaços destinados às exposições para se apresentar e precisou se ajustar à limitação das salas de ensaio. Ao mesmo tempo, Amir dava sinais concretos do desejo de sair para a rua.

> Não fazia mais sentido voltar para o espaço pequeno, confinado. Fizemos espetáculos nos jardins e no vão do museu. Niomar Moniz Sodré Bittencourt nos deu apoio. Não há como fazer algo duradouro em teatro com um grupo sem contar com um teto. Um lugar onde

você invista, repita, experimente, crie uma consciência coletiva de investigação e perceba as consequências do seu trabalho. O MAM foi o primeiro lugar importante para nós em termos de permanência de trabalho.

Invenção no teatro de mercado

Logo depois de ter praticado, por meio de A Comunidade, uma cena de grupo desvinculada das convenções que costumam acompanhar a prática teatral, Amir fortaleceu seu vínculo com o teatro de mercado ao firmar parceria com o ator e diretor Sergio Britto, na época começando a estabelecer uma programação de qualidade no Teatro Senac. Nesse teatro, onde ficou entre 1970 e 1976 dirigindo e atuando em espetáculos, Sergio também ministrou cursos, que influenciaram na fundação de um dos grupos jovens de teatro mais representativos da década de 1970 — o Asdrúbal Trouxe o Trombone. Amir dirigiu três espetáculos no Senac: *Fim de jogo*, de Samuel Beckett, *O marido vai à caça*, de Georges Feydeau, e *Festa de aniversário*, de Harold Pinter. Para Amir, não houve propriamente contradição nessa transição. "Não tenho a sensação de ter enveredado por algum desvio. Levei minha inquietação e capacidade inventiva para o teatro empresarial. Os meus espetáculos não eram convencionais", avalia.

Amir sinaliza, portanto, uma bem-vinda conciliação entre o vigor autoral e a inserção mais direta numa estrutura de mercado:

> Estava no MAM com o meu grupo e surgiu a possibilidade de trabalhar na área profissional a convite do Sergio Britto, uma pessoa que sempre amei, com mais recursos de produção. Ele era do teatrão e

eu, do novo teatro. Sergio ficava atraído pelo mistério, pelo risco, pelo desafio do contato com um jovem diretor que poderia renová-lo. Ele tinha trabalhado com Gianni Ratto, Alberto D'Aversa. Eu havia feito teatro com Zé Celso, teatro periférico, e ficava seduzido por essa grande figura que era Sergio, que me deu a chance de trabalhar com Fernanda Montenegro, Ítalo Rossi, Napoleão Moniz Freire. Ele me inseriu num mundo representativo e simbólico. Eu me senti entusiasmado, desafiado. Uma sensação de bem-estar, até de algum poder por trabalhar com profissionais de peso do teatro profissional brasileiro. Comecei a fazer um certo sucesso como diretor de teatro que me garantia uma situação confortável, também financeiramente. Às vezes vivia o ano inteiro com a renda de um espetáculo. Eu não podia sobreviver só das aulas e das encenações com os grupos. A subsistência vinha das demais montagens que dirigia.

Nesse momento, as escolhas dramatúrgicas ficaram mais a cargo de Sergio Britto. A primeira peça, *Fim de jogo*, é centrada na dominação estabelecida pelo autoritário Hamm, cego e paralítico, em relação ao submisso Clov, que não consegue se sentar. Os dois se encontram numa espécie de região devastada junto aos pais de Hamm, Nagg e Nell, personagens dotados de corpos mutilados, sem pernas, que vivem dentro de barris. "Eu jamais teria escolhido montar uma peça de Beckett. Era fora das minhas inquietações. Não tinha ilustração literária suficiente para dialogar com um autor como esse. Mas Sergio queria e, de fato, ele, Napoleão, [Fabio] Sabag e Zilka Salaberry fizeram ótimos trabalhos no espetáculo. Depois descobri muitas qualidades no texto e percebi até um preconceito da minha parte em relação a essa vertente de teatro de vanguarda, de absurdo", afirma. Já na época da encenação de *Fim de jogo*, porém, Amir escreveu, no programa do espetáculo, um texto em que defende a ideia de que o absurdo no teatro de Beckett está irremediavelmente conectado às grandes questões que atravessam a existência humana.

Os personagens estão em forte decadência física. Absurdo? Os personagens se autoflagelam. Absurdo? Os personagens se agridem. Absurdo? Os personagens são insatisfeitos. Absurdo? Os personagens não se comunicam. Absurdo? Os personagens temem a morte. Absurdo? Os personagens desejam a morte. Absurdo? Os personagens não entendem por que vivem. Absurdo? Os personagens são apegadíssimos à vida. Absurdo? Aceitam a regra do jogo. Absurdo? O absurdo não parece tão absurdo.

Em *O marido vai à caça*, peça que expõe o jogo de hipocrisia de personagens burgueses, Amir se exercitou, com brilho, na carpintaria do vaudevile — habilidade reconhecida com o Prêmio Molière de melhor direção. No texto que escreveu para o programa da encenação, destacou, por um lado, a conexão com a situação em 1971 e, por outro, a atemporalidade da peça. "Por que *O marido vai à caça* em 1971? Porque ele sempre foi à caça desde que o matrimônio e a família na forma em que os conhecemos foram instituídos. O marido sempre vai à caça. O homem é um animal predatório. A maneira de estudar o fenômeno é que pode variar com o tempo."

Em *Festa de aniversário*, optou por um abrasileiramento do texto de Pinter, sobre a interação de dois homens recém-chegados e um hóspede numa pensão no interior da Inglaterra. "A minha sensação é de que errei nesse espetáculo. Não tinha uma opinião sobre aquele material. Não conhecia o teatro de Pinter", assume Amir, que aproximou a peça da realidade nacional. "É um texto que traz à tona uma violência inexplicável e nós estávamos vivendo a ditadura. Inseri músicas brasileiras na montagem para situar a ação", lembra.

Amir deu sequência à parceria com Sergio Britto num espetáculo emblemático: *Tango*, texto de Sławomir Mrożek, centrado num diretor de teatro de vanguarda, Stomil, reprimido pelo filho, Arthur, que não mede esforços para moralizar a família. No programa do espetáculo, Amir estabeleceu curiosa articulação entre o perfil europeu do texto de Mrożek e a brasilidade de *O auto da Compadecida*, de Ariano Suassuna. "Os esforços de sobrevivência a qualquer preço de João Grilo (Malasartes nordestino) assimiláveis afetiva, instintiva e irracionalmente por qualquer brasileiro médio, correspondem imediatamente à falta de fé, ao excesso de cultura, à anarquia, quem sabe ao cinismo e à indiferença de Stomil (Malasartes das artes europeias), o intelectual também facilmente identificável por qualquer europeu."

Nessa montagem produzida por Tereza Rachel, Amir desconstruiu definitivamente o porte de galã de Sergio Britto. "Foi definitivo para a vida dele. Sergio tinha um perfil bem-arrumado e em *Tango* se mostrou por inteiro, se transformou num ator de primeira linha", opina Amir, que também dimensiona o impacto dessa experiência na sua trajetória. "O protagonista, Stomil, era um diretor que queria revolucionar e romper com estruturas acadêmicas. Fiz uma autocrítica em relação a determinadas atitudes profissionais em meu período como jovem diretor do grupo A Comunidade." Durante a temporada, Mrożek veio ao Brasil e assistiu à encenação. "Eu não estava no Rio de Janeiro na ocasião, mas Tereza e Sergio contaram que ele gostou e observou que imprimi um enfoque político ao texto, algo que não havia pensado quando escreveu. De fato, fiz isso. Afinal, estávamos no auge da ditadura", reconhece Amir, acerca do espetáculo apresentado em 1972.

Joel de Carvalho e Konrad Swinarski: os grandes encontros

Nesse estágio da carreira, além de Sergio Britto, Amir já tinha estabelecido outras parcerias sólidas. Um elo fundamental foi com o cenógrafo Joel de Carvalho, presente desde os espetáculos do grupo A Comunidade.

> Foi meu cenógrafo enquanto viveu. Considerava Joel a outra face da minha identidade. Era o contrabaixo da minha orquestra, mas também tinha solos de violino maravilhosos. Ele me olhava com grande admiração e eu procurava não me dar conta para não me colocar num lugar especial. Imediatamente nós nos tornamos amigos íntimos. A casa onde moro é cheia de recordações dele. Estabelecemos uma sintonia absoluta no trabalho. Nem precisava falar o que eu queria. Muitas vezes eu o esperava apresentar a ideia de espaço e cenografia para começar a pensar o espetáculo. Eu dizia que ele era melhor do que eu. Mas depois de *A construção*, ele falou que eu havia avançado tanto que não precisava mais de um cenógrafo — até porque a cenografia é algo marcante na cena italiana, onde você compõe um espaço, define uma região, e eu já havia migrado para o espaço aberto, livre. De fato, eu não precisava mais. O meu teatro é espaço e relação. Mesmo na cena italiana, a minha necessidade de cenário passou a ser mínima. Mas eu precisava de Joel, da companhia, do juízo, da opinião dele. Talvez tenha sido o meu maior amigo no teatro.

Amir não abandonou por completo a parceria com cenógrafos, a exemplo das conexões que estabeleceu com Maurício Sette, Helio Eichbauer e José Dias, mas a interação com Joel de Carvalho foi absolutamente singular. Amir e Joel moraram juntos em Copacabana. Numa noite, enquanto estavam no tradicional e boêmio restaurante Cervantes, Joel perdeu os sentidos e desmaiou. Pouco depois veio o diagnóstico de câncer. Joel foi viver com os pais, em Niterói.

Não tive coragem de visitá-lo. Conversávamos pelo telefone. Senti medo da doença, da dor, da morte. Herdei esse temor da minha mãe, que quando via um filho doente gritava por socorro, mas não conseguia socorrer. Como ela, eu entro em pânico. Acho que melhorei um pouco. Nelly Laport, que fazia o trabalho de corpo nos meus espetáculos do A Comunidade, disse: "O seu amigo está morrendo. Você não vai visitá-lo?" Não fui. E nem consegui carregar o caixão de Joel. Quis mantê-lo vivo. Eu me recusei a enterrá-lo.

Também cabe chamar atenção para a ligação sólida que Amir estabeleceu com o encenador polonês Konrad Swinarski. Foi durante o período de seis meses que passou nos Estados Unidos, graças a uma bolsa de estudos que ganhou do consulado americano quando ainda estava em Belém.

O cônsul americano me concedeu uma bolsa da Ford Foundation. Havia duas bolsas para o Brasil. Eu ganhei na região Norte e Flávio Rangel, na Sul. Foi uma sorte porque se tivesse que concorrer com Flávio, provavelmente perderia. E o Flávio acabou não usando a bolsa. Eu era muito jovem, com pouco mais de 20 anos. Quando fizeram uma entrevista comigo, perguntaram: "O que você aprendeu lá?" Eu disse: "Tudo o que não preciso para trabalhar no Brasil. É outra história, outra realidade." Deve ter causado algum mal-estar com o cônsul, que foi muito gentil. Mas a experiência foi ótima. Nunca havia saído do Brasil por um período tão longo. Era uma bolsa bem remunerada e me levavam para todos os lugares que eu queria para ver teatro. Estabeleci um dos encontros mais importantes da minha vida — encontro afetivo e intelectual, muito profundo, com Swinarski, que estava lá com a mesma bolsa. Nós moramos juntos na Park Avenue, em Nova York. Ele havia trabalhado no Berliner Ensemble. Ajudou a carregar o caixão de Brecht. Swinarski já tinha dirigido montagens de *Marat/Sade*, de Peter Weiss, e, inclusive, *O auto da Compadecida*, de Ariano Suassuna, na Polônia. Ele contou que o povo na Polônia era muito católico, e quando a Compadecida aparecia em cena as pessoas se ajoelhavam. Quando voltei para o Brasil, a separação não foi fácil.

Amir planejava trazer o encenador ao Brasil. Uma tragédia, porém, abreviou a vida de Swinarski. Convidado para participar de um festival na Pérsia, morreu num acidente aéreo.

Parcerias determinantes

Amir estabeleceu proximidade com mais um diretor: Augusto Boal. "Ele tinha uma maneira nítida de trabalhar. Criou o Sistema Curinga", aponta Amir, referindo-se à inclusão da figura do curinga, encarregado de interligar as cenas do espetáculo. Como estratégia para baratear os custos, costumava haver um número menor de atores que de personagens. Todos, com exceção do ator escalado para interpretar o protagonista, se revezavam entre os personagens. O curinga foi inserido nas montagens *Arena conta*, realizadas pelo Teatro de Arena a partir de 1965. Amir observa:

> Eu dizia que admirava a ordem dele. E ele dizia que admirava a minha desordem. Nós fizemos essas confidências quando nos encontramos em Nova York, durante o exílio dele. O meu teatro é aberto, livre, espontâneo. O de Boal era metódico, estratificado, sistematizado. Tanto que os atores hoje fazem calmamente o Teatro do Oprimido porque ele deixou um método para aplicar, uma ferramenta de educação popular. Nunca tive uma pretensão didática tão forte. Politicamente Boal era mais consequente do que eu. Preenchia um lugar no teatro brasileiro que me deixava confortável para realizar as minhas loucuras, os desvios ideológicos que precisasse, a transgressão. A minha ida para a rua mexia muito mais com a linguagem do que com a mensagem. Já Boal mantinha uma voz política contundente. Quando ele morreu, abriu-se um buraco enorme na minha frente. A solidão ficou absoluta. Ele me faz muita falta. Pensei: "Agora não posso ficar tão despreocupado." Acho que me politizei mais.

Outro vínculo importante foi com a atriz Jacqueline Laurence, que, sob a direção de Amir, atuou nos espetáculos *A construção*, *Agamêmnon* e *O marido vai à caça*. "Lembro de Jacqueline trabalhando na embaixada da Argélia. Ela me deu muita força na carreira, me promoveu. Quando encenei *A construção*, uma peça que falava sobre a realidade nordestina, não havia papel para ela, mas inventei uma personagem baseada numa jornalista italiana, Oriana Fallaci. À medida que os seguidores do padre Cícero faziam as suas procissões, essa personagem trazia um olhar de fora, crítico, descrevendo aquela realidade em língua estrangeira. Era um corpo estranho no meio de um Brasil carregado de violência mística e fé absoluta. Em determinado instante, os personagens se jogavam no chão e a personagem dela subia num palquinho e cantava "Canzone per te", interpretada por Roberto Carlos. Era um momento maravilhoso do espetáculo. E ela estava muito bem no papel da condessa russa que se torna cafetina, dona de um *rendez-vous*, em *O marido vai à caça*. Fiz o máximo possível para valorizar a atuação dela", elogia.

Amir também firmou conexão forte com Renata Sorrah, ligação que remete aos tempos das oficinas ministradas aos estudantes no Tuca. Depois de passar um ano nos Estados Unidos, Renata, ainda sem a intenção de ingressar na carreira artística, entrou no grupo Destaque, conduzido por Jean Arlin, e atuou na encenação de *Juventude sem tempo*, texto de variados autores reunidos em estrutura dramatúrgica norteada pelo livro *Liberdade sem medo*, de A.S. Neill. Ao ser informada sobre o projeto do Tuca, se aproximou do grupo logo na formação inicial. Lá participou de um exercício de montagem de *A casa de Bernarda Alba*, de Federico García Lorca, dirigida por Reynuncio Lima, interpretando Angústias, que só falava uma frase: "Vergonha da nossa casa." Amir, ao assistir, comentou com Reynuncio: "Disse para ele que dirigir uma peça não significa só colocar a cena num lugar. É preciso que o diretor tenha um olhar em relação aos atores. Falei isso pensando na Renata, que dizia muito bem essa frase. Com a permissão de Reynuncio, redirigi a cena de modo a destacar a presença dela. Renata confessou que aquele dia mudou a sua vida", explica.

Amir ainda a dirigiu em *O Apocalipse, ou O capeta em Caruaru* — peça de Aldomar Conrado que insere influências da comédia de Shakespeare (por sua vez, inspirado no humor de Plauto) no universo popular brasileiro —, nas já mencionadas *O coronel de*

Macambira, Festa de aniversário e *Tango*, em *Há vagas para moças de fino trato* — peça de Alcione Araújo que realça as jornadas de três mulheres, de perfis distintos, assombradas pela solidão — e, mais adiante, em *Noite de Reis*, de William Shakespeare. Atualmente, Renata integra o grupo do Re-Acordar de *O coronel de Macambira*.

Em *Há vagas para moças de fino trato*, Renata dividiu a cena com Glória Menezes e Yoná Magalhães. Sobre a montagem de 1974, Amir argumenta:

> Acho que o teatro é o reinado das mulheres, o lugar do feminino liberado, um matriarcado. Sempre tive boa relação com os atores, mas uma proximidade maior com as atrizes. O teatro sobrevive por causa das mulheres. Elas têm mais iniciativa do que os homens. Eles arriscam menos porque detêm o poder e sentem medo de perdê-lo. Estão sempre com a autoridade a perigo. Em *Há vagas para moças de fino trato* trabalhei com duas atrizes consagradas — Glória e Yoná — e outra que vinha despontando furiosamente — Renata. Glória fazia uma mulher dona de pensão, viúva, solitária, amarga, controladora, sem nenhuma possibilidade de se libertar. Coloquei Glória, que era estrela da televisão, sem maquiagem. Tarcísio Meira, que produzia a montagem junto com Glória, estranhou vê-la assim em cena. O cenário, composto por três camas, trazia outdoors enormes com as imagens das atrizes-estrelas. E embaixo, contrastando, apareciam elas, sem nenhum glamour, vivendo os dramas daquelas mulheres.

Não se pode deixar de mencionar a ligação entre Amir e Angela Rebello. Um elo que surgiu nessa época, quando Amir realizou o espetáculo *SOMMA, ou Os melhores anos de nossas vidas* — escolhido, inclusive, por Angela como objeto de pesquisa de sua monografia no curso de Teoria do Teatro na Unirio. Angela continuou trabalhando com ele, a julgar por sua presença em montagens futuras de textos de Giordano Bruno (*O castiçal*), Molière (*O avarento, Escola de Molières*), Shakespeare (*O mercador de Veneza*) e Artur Azevedo (*O mambembe*).

SOMMA, exorcismo anárquico

SOMMA foi um dos trabalhos mais pessoais e determinantes na carreira de Amir. Fortalecido pela promissora experiência no teatro de mercado, demonstrou preocupação em não se afastar da prática coletiva, experimentada de maneira intensa em A Comunidade.

> Eu não podia ficar sem grupo. Quando você é diretor de espetáculo dá a impressão de ser o único doador. Fica provendo, as pessoas chegam e absorvem. Você se estabelece numa posição de poder e de solidão absolutos. Na verdade, o grupo representa um retorno ao colo materno, lugar de descanso, relaxamento, de poder errar, não ter que resolver todos os problemas, deixar que os outros proponham soluções. Quando eu não sabia a solução para uma determinada questão, ia para casa, pensava, estudava e chegava no dia seguinte com a resposta. Um dia me permiti não ter resposta e, a partir daí, as pessoas começaram a se manifestar. Foi a solução para o fim de uma eterna solidão, algo que melhorou bastante a minha relação com todos.

Amir seguiu sua trajetória convidando integrantes do Teatro Mágico, grupo dirigido por Zeca Ligiéro, com quem havia trabalhado, e formado por ex-alunos da Fefieg, na criação coletiva de *SOMMA*, espetáculo em que reuniu trechos de diversos textos que já havia encenado dispostos numa estrutura intencionalmente anárquica.

SOMMA nasceu como uma revisão e, ao mesmo tempo, uma espécie de exorcismo de Amir em relação à própria trajetória. "Senti a necessidade de revisitar tudo o que havia feito para descobrir para onde seguir dali em diante. Eu me liberei das responsabilidades de uma carreira de sucesso. Joguei tudo para o alto." Amir procurou juntar todos os textos que havia encenado e acabou trabalhando a partir da impossibilidade de organizar um roteiro que os conectasse de modo orgânico. Investiu numa estrutura de dramaturgia fragmentada e livre. "Espalhei as folhas dos textos pelo cenário e tentei construir um roteiro a partir deles, mas como era muita coisa deixei espaço aberto para a improvisação."

Amir redimensiona o verdadeiro lugar do texto dentro do acontecimento teatral, apesar de ter adquirido especial habilidade na dissecação de peças de teatro. "Dramaturgia é o que não está escrito. Mas você só a acessa a partir do material escrito. Dramaturgia teatral é a do espetáculo, não a da folha impressa", explica Amir, chamando atenção para o valor de enunciação de todos os elementos que constituem o espetáculo, muito além do texto dito pelos atores. O principal, para Amir, é a própria presença do ator. "É o ator que inventa o teatro. A liberdade do ator é o ponto inicial e final", sintetiza.

Com o grupo A Comunidade, Amir já tinha abandonado a sala fechada, investido numa dramaturgia contaminada pelo processo de criação do ensaio e subvertido a divisão entre espaço de apresentação e do público. Em *SOMMA*, atores, espectadores e técnicos se encontravam no palco do Teatro João Caetano, repleto de roupas e objetos, com os camarins à vista e as luzes acesas. "O público entrava pela lateral do teatro, por um corredor escuro, até a porta de serviço do palco. Quando abria essa porta se deparava com uma iluminação fortíssima, feérica. Era uma surpresa muito grande. O espectador mergulhava nas vísceras, no ventre mais profundo do teatro. Fazíamos o espetáculo em cima do palco, com a cortina fechada. Quando achávamos que era hora de terminar, abríamos a cortina e o público se dava conta de que estava no teatro ao se ver diante da imensa plateia, inteiramente vazia", descreve.

Censurado após 15 apresentações, o espetáculo teve seu percurso abortado. "Além de liberar os textos, os censores iam assistir aos ensaios para aprovar o espetáculo. Às vezes, vetavam determinada parte. Nós obedecíamos. Aí voltavam e vetavam outra parte. É que nós nunca falávamos a mesma sequência de textos. Mudávamos todos os dias. Era sempre outro espetáculo", conta. Textos proibidos pela censura foram colados no espaço cênico. "Perceberam que seria incontrolável. Então, proibiram tudo. Tentamos resistir, mas, naquele instante, não obtivemos apoio da classe teatral e ficamos desprotegidos", lamenta. Remanescentes do Teatro Mágico e novos integrantes se uniram na formação de um coletivo coordenado por Amir: o Grupo de Niterói.

Grupo de Niterói, semente do Tá Na Rua

Graças ao conselho de um amigo, Ademar, Amir ocupou um espaço do Diretório Central dos Estudantes da Universidade Federal Fluminense (DCE da UFF), então fechado pela ditadura. Sobre essa experiência, ele conta:

Fui até lá e a situação era devastadora. Encontrei um teatro grande, totalmente abandonado, e uma sala pequena, onde nós nos estabelecemos. Limpamos a sala e o pátio interno. Serviu para que eu me concentrasse, pensasse no grupo. Fiquei um bom tempo por lá trabalhando sem um direcionamento definido, sem saber o que iria fazer, onde apresentar. De início, parti de um panfleto reacionário, *Morrer pela pátria*, comparando a nossa formação de grupo com os valores que aquela peça apontava. Percebemos que, embora negássemos, ideologicamente nós éramos conformados com o que estava naquele texto. Na peça, havia a mãe, que era uma santa, o pai, também santo, já morto, o filho, que seguia o caminho militar do pai, a noiva dele, uma jovem virgem, os negros, que eram os criados da casa, e um filho que foi para a universidade e virou comunista, o vilão do texto. Para formar um grupo precisávamos romper com aqueles valores. Comecei a quebrar com uma estruturação comum aos grupos da época, que repetiam o modelo familiar.

Nesse relato, Amir se refere ao texto de Carlos Cavaco, escrito em 1936, que começou a ser apresentado, sob a forma de ensaios abertos, em espaços diversos. A tentativa de montagem desse texto culminou no encerramento do Grupo de Niterói, que, porém, deu vazão ao grupo TáNa Rua, o qual, em 1984, encenou o original de Cavaco.

Seja como for, no Grupo de Niterói Amir verticalizou a condução de coletivos de trabalho, desmontando as hierarquias habituais. "Aprendi a desarmar os coletivos e a desenvolver uma espécie de anarquia, sem uma cabeça superior dominando as outras, mas patrocinando o crescimento de cada indivíduo. Um coletivo forte conta com indivíduos também fortes. Não há crescimento coletivo sem crescimento individual e vice-versa. Abandonei a ideia esquerdista/socializante de que o coletivo é tudo e a ideia liberal de que o indivíduo é o centro de tudo. Até hoje imprimo nos meus elencos uma formação sólida de trupe. É difícil para mim trabalhar com elencos avulsos, nos quais cada ator é uma ilha", resume.

Besteirol: possibilidade de respiro por meio do humor

Nesse mesmo período (primeira metade dos anos 1970), Amir assinou a supervisão de *Ladies na madrugada*, de Mauro Rasi, encenação precursora do movimento besteirol, que adquiriria especial relevância a partir do fim da década, em especial no Rio de Janeiro. Homenagem às chanchadas, a montagem também aproximaria Rasi e Vicente Pereira, que, nos anos seguintes, formariam uma das duplas do besteirol. Vicente fazia parte do elenco e era amigo de Ney Matogrosso, que produziu o espetáculo. O resultado não funcionou a princípio. Mas se tornou um sucesso depois das bem-vindas intervenções de Amir. "*Ladies na madrugada* estava em cartaz em São Paulo e me chamaram para dar uma olhada. Fui ver. Gostei, mas achei mal feito. Fiz mudanças e o trabalho cresceu muito. Atraiu público e deu visibilidade aos atores. Rasi era para mim — e também para Antonio Abujamra — um pequeno gênio", observa Amir, valendo lembrar que Abujamra conheceu Rasi ao se deparar com uma peça dele, *Duelo do kaos morto*, em 1962, quando integrava o júri de um festival de teatro amador. Outra montagem precursora do besteirol foi *Dá uma entradinha rápida só pra você sacar como esse homem me ama*, texto de Luiz Carlos Góes, também no elenco, que Amir dirigiu em 1976.

Diferentemente do teatro político realizado no Brasil ao longo da década de 1960, marcado pela contundência do engajamento, nos anos 1970 despontava uma juventude que crescia durante o período mais sufocante da ditadura e começava a se expressar por meio do humor, colocado em cena não como escapismo inconsequente e sim como importante forma de expressão diante de uma realidade adversa.

Sentia absoluta necessidade de humor na vida brasileira. E achava que, naquele momento, o teatro brasileiro não tinha humor nenhum. Era sério, não acreditava na vida, que as coisas pudessem melhorar, não percebia que tudo estava em movimento. Quando notei o humor nos jovens, aderi imediatamente. Era um espaço que precisava ser estimulado. Não cabia continuar lidando dramaticamente com uma situação já em si dramática, trágica. O humor é uma brecha, um horizonte, e eu respirei muito por esse orifício no sufoco da vida pública brasileira dessa época. E veio através dos jovens que possuíam uma irreverência diante do fato estabelecido. Fernanda Montenegro me perguntou: "O que você pretende com esses meninos?" Disse: "Nada. Só ajudá-los a realizar o que querem fazer, o sonho de criticar a realidade, de estarem atentos, mordazes."

Para Amir, o espírito do besteirol não morreu. "Você ser capaz de rir das coisas, não achar que o drama é o gênero clássico, nobre por excelência, e perceber que o humor é essencial — isso tem lugar o tempo todo." Ao valorizar o humor, Amir chama atenção para a inflexibilidade que atravessa as personagens trágicas, que enxergam a realidade a partir de uma perspectiva própria e única. A conduta rígida compromete as personagens com o desenrolar dos acontecimentos, sugerindo que muitas vezes são mais escravas de si mesmas, por não conseguirem perceber possibilidades distintas de ação, do que das leis do mundo, do destino.

Humor significa que as coisas são assim, mas poderiam ser de outro jeito, enquanto drama significa que as coisas são assim e não podem ser de outro jeito. Na primeira cena você sabe que Édipo e Antígona terminarão mal. Antígona morreu emparedada, mas não precisava ter sido assim. Se ela não tivesse se oposto com tanta violência, frágil, sozinha, contra o poder de uma cidade-Estado, as coisas poderiam ter se desenrolado de forma diferente. Esse sentimento da tragédia em que tudo caminha inelutavelmente para um fim trágico não é agradável.

O besteirol foi, em boa parte, um gênero teatral composto por esquetes escritos pelos próprios intérpretes, que formaram duplas: Miguel Magno/Ricardo de Almeida, Pedro Cardoso/ Felipe Pinheiro, Miguel Falabella/Guilherme Karam, Mauro Rasi/ Vicente Pereira (essa última se diferençando pelo fato de Rasi não ser ator). As cenas curtas a cargo dos atores traziam à tona o patrimônio cultural de cada um deles — evidenciado nas referências cinematográficas — disposto em cena sem qualquer sinal de ostentação de erudição. Além do cinema, as influências eram as mais diversificadas: a Movida Madrileña — movimento jovem de libertação a partir da queda da ditadura de Franco —, a estrutura do Teatro de Revista, a graça *nonsense* de Charles Ludlam, o humor sofisticado e comunicativo do Asdrúbal Trouxe o Trombone, a sexualidade ambígua sugerida nos espetáculos do Dzi Croquettes — valendo lembrar que, nas cenas do besteirol, os atores costumavam fazer personagens femininas —, a espiritualidade — que Amir vivenciou no encontro, mediado por Vicente

Pereira, com Tia Neiva, paranormal responsável pela fundação do Vale do Amanhecer, localizado nos arredores de Brasília, em 1980. Na ocasião, Amir estava de passagem por Brasília junto com o Grupo de Niterói. "Vicente conseguiu esse encontro. Ela nos recebeu muito bem. Tinha olhos claros, pintava com risco embaixo deles. Era uma característica dela. Disse: 'Bem-vindo. Estou esperando você há dois anos.' Encontrar essa Cassandra foi uma experiência forte. Durante o encontro nós almoçamos, depois ficamos numa sala, adormecemos, acordamos e ela disse que nos levou para passear em minidiscos voadores que a ajudavam a tomar conta da atmosfera de Brasília. Eu sempre fui muito cético, mas fiquei impressionado com a presença dela", assume.

Amir estabeleceu especial sintonia com Felipe Pinheiro, que foi seu aluno na Escola de Teatro Martins Penna e o apresentou a Pedro Cardoso. A dupla Felipe/Pedro era complementada pela preciosa colaboração de Tim Rescala, responsável não "só" pela direção musical, como também por uma presença cênica — em espetáculos como *A porta* e *A macaca*. "Tim é brilhante, inteligente, um músico de primeira qualidade", elogia. Amir se desestabilizou com a morte precoce de Felipe. "Quando Felipe morreu, eu fiquei muito atarantado. É um dia que eu não esqueço. Tinha um escritório no edifício do prédio do Teatro Glauce Rocha, o telefone tocou e me disseram 'o Felipe morreu'." A partir daí, Amir aprofundou a relação com Pedro e seguiu trabalhando com ele em solos como *O dono da festa* e *O autofalante* e na montagem de *Mão na luva*, de Oduvaldo Vianna Filho, na qual o ator dividiu o palco com Maria Padilha. "Pedro faz parte de todas as minhas preocupações e eu, das dele. Nosso contato é grande. Os trabalhos que fizemos influenciaram a produção teatral dele."

Estímulo aos intérpretes com vozes próprias

Realizar a supervisão de espetáculos não era novidade para Amir. "É um trabalho que se dá a partir de uma estrutura já levantada. Tive uma experiência nesse sentido com *O patinho torto, ou Os mistérios do sexo*, peça de Coelho Neto, dirigida por Antonio Ghigonetto", evoca Amir, referindo-se à montagem do Grupo Decisão, conduzido por Antonio Abujamra, em 1964. "Ghigonetto me deixou mexer. E se afastou. O resultado ficou muito atraente e fez grande sucesso", afirma. Ao longo dos anos, os convites para Amir supervisionar espetáculos cresceram. "Virei médico de peça. Passei a ser chamado para milagrosamente restituir a vida das montagens. Mas é muito bom porque fazendo supervisão você fica com o filé-mignon. Hoje prefiro que os atores ensaiem, me mostrem e eu melhore uma cena já existente", assume.

O que se tornou cada vez mais constante para Amir a partir das últimas décadas do século XX foi a supervisão de monólogos:

> É uma possibilidade que se abriu para os atores desenvolverem projetos pessoais sem precisar produzir uma montagem ou trabalharem contratados em produções de outros interpretando papéis que não escolheram. O principal é a autonomia de discurso que o ator conquista. Um ator que sabe sobre o que quer falar. E fala sozinho porque é muito difícil ter um discurso próprio e conseguir montar, em torno dessa fala pessoal, uma equipe. Então, nunca escolhi texto para o ator fazer monólogo. Nos ensaios, procuro perceber a diferença entre o que ele quer e o que está fazendo. A partir daí, me esforço para diminuir essa distância. Às vezes, um toque deslancha todo o entendimento para o ator. É deslumbrante.

Amir dimensiona a importância desses trabalhos gestados a partir de necessidades intransferíveis de cada intérprete.

O ator tradicional não costuma ter opinião sobre o que está fazendo. Faz da maneira possível, mas apenas reproduzindo de acordo com o texto e a orientação do diretor. Brecht dizia que o melhor ator é aquele que possui um maior nível de consciência política. Aquele que tem leitura sobre como a sociedade se organiza. Quando você trabalha com um ator com essa visão das coisas e da dinâmica de desenvolvimento social, tudo melhora. O ator apresenta uma opinião, o que produz um afastamento instantâneo em relação ao personagem. O mecanismo da identificação não acontece mais. O ator não se apaga por trás do personagem e vice-versa. Em vez de representar, apresenta o personagem ao público. E a plateia não é massacrada por uma carga de afeto que a comove, mas a deixa sem saber o que fazer. Ao contrário, passa a participar de um mundo de esclarecimento e o teatro serve como essa ferramenta de iluminação.

Amir supervisionou monólogos de Clarice Niskier (*A alma imoral, A lista, A esperança na caixa de chicletes Ping Pong*), Andréa Beltrão (*Antígona*), Beth Goulart (*Simplesmente eu, Clarice Lispector*), Otávio Müller (*A vida sexual da mulher feia*), Catarina Abdalla (*A mulher invisível*), Luiz Machado (*Nefelibato*), Osvan Costa (*Minha*) e Ivana Iza (*A velha*). Nos casos de *Sombras no final da escadaria*, solo com Vanessa Gerbelli, *Riobaldo*, com Gilson de Barros, e *A mulher de Barth*, com Maitê Proença (e a presença do ator e músico Alessandro Persan), Amir ficou encarregado da direção. Entre todos esses trabalhos, *A alma imoral*, monólogo realizado a partir do livro homônimo do rabino Nilton Bonder, adquiriu especial repercussão junto a público e crítica. Basta dizer que permanece em cartaz há 15 anos. "A primeira vez que trabalhei com Clarice foi em *Faces, o musical*, e já nessa ocasião nos aproximamos. Ela é uma mulher de teatro. E eu nunca neguei apoio a quem é apaixonado por teatro. Quando surgiu o projeto de *A alma imoral*, Clarice fez uma leitura para mim aqui em casa. Achei muito interessante. Pensei num solo em cima de um tapete persa. Ela não colocou o tapete, mas tirou a roupa. Foi um sucesso instantâneo", dimensiona Amir, que, recentemente, voltou a fazer a supervisão de Clarice em *Coração de campanha*, texto da própria atriz, que divide a cena com Isio Ghelman.

Faceta nostálgica

Há um bom tempo dedicado primordialmente à função de supervisão, Amir retomou a direção em *Ninguém dirá que é tarde demais*, texto de Pedro Medina, com Arlete Salles, Edwin Luisi, Alexandre Barbalho e o próprio Pedro no elenco. O espetáculo propiciou o reencontro entre Amir e Arlete, que trabalharam juntos, o primeiro como diretor, a segunda como atriz, na montagem de *Felisberto do café*, de Gastão Tojeiro, em 1985. A conexão de Amir com a comédia de costumes brasileira da primeira metade do século XX não foi ocasional. "Tenho prazer em visitar a beleza daquele mundo, de um teatro que se assumia como tal. Gosto de viajar no tempo do teatro brasileiro." Não por acaso, Amir encenou mais de uma versão de *O mambembe*, burleta de Artur Azevedo com colaboração de José Piza que descortina a estrutura de funcionamento de uma companhia de teatro antigo: uma montagem de formatura na Casa das Artes de Laranjeiras (CAL), em 1991, e outras duas montagens em 2004, uma delas só com as músicas da peça (*Mambembe canta mambembe*).

Adoro essa peça, que fala justamente sobre teatro. Azevedo é um autor da maior importância. O retrato que ele faz do Brasil e o painel de personagens que apresenta me atraem muito. Costumam falar que o nosso teatro nasceu com a montagem de Ziembinski para *Vestido de noiva*, de Nelson Rodrigues, mas não concordo. É como se o teatro não tivesse antecedentes. Fui atrás de uma outra história possível para o teatro brasileiro.

Amir se refere ao espetáculo do grupo amador Os Comediantes, que estreou no Theatro Municipal do Rio de Janeiro em dezembro de 1943, considerado pela historiografia oficial um divisor de águas da cena brasileira moderna, marcada pela crescente valorização da assinatura dos encenadores — em sua maioria, os estrangeiros que desembarcaram no Brasil ao longo das décadas de 1940 e 1950. Houve possivelmente, a partir desse instante, uma diminuição da procura pela comédia de costumes desenvolvida desde Martins Penna, na primeira metade do século XIX, ainda que não se possa esquecer da emblemática encenação de Gianni Ratto para *O mambembe*, espetáculo inaugural da companhia Teatro dos Sete, apresentado, em 1959, no Theatro Municipal e, depois, no Teatro Copacabana. "Sempre admirei Ziembinski, mas prefiro o brilho lúdico de Ratto. Eu me identifico mais com a verve italiana do que com a seriedade polonesa. O Mediterrâneo me toca muito mais. Um dos espetáculos de que mais gostei foi *A ilha dos papagaios*", assume Amir, referindo-se à encenação de Ratto para o texto de Sergio Tofano realizada, em 1955, pela Companhia Maria Della Costa. Amir assume uma faceta nostálgica. "Esses textos antigos sinalizam um desejo enorme de recuperar uma parte da vida brasileira de um outro tempo. É a saudade de um tempo que não vivi. A minha aproximação é amorosa. *Ninguém dirá que é tarde demais* é um espetáculo povoado por valsas. Elas acionam o afeto verdadeiro do ator. Aliás, as minhas montagens costumam trazer músicas do passado. Ao ouvi-las, os espectadores são tocados."

Esse tributo amoroso a épocas luminosas também veio à tona em outro trabalho dirigido por Amir, *A vingança do espelho*, projeto idealizado pelo produtor Eduardo Barata em homenagem à atriz Zezé Macedo, comediante popularizada nas chanchadas da Atlântida e nos programas humorísticos de televisão. "São atores brasileiros que precisam ser resgatados. Fiz isso ao convidar Elza Gomes e Afonso Stuart para integrarem o elenco da montagem de *Festa de aniversário*."

Apesar das encenações de autores como Beckett, Pinter e Mrożek, Amir frisou, ao longo de sua carreira, a conexão com o texto brasileiro, tanto os que descortinam a vida no país em séculos passados quanto os contemporâneos. Entre muitas outras peças dirigiu *Se correr o bicho pega, se ficar o bicho come*, de Oduvaldo Vianna Filho e Ferreira Gullar, montagem com alunos da CAL que rendeu a Amir o Prêmio Shell. Esteve à frente da transposição de *As meninas* para o palco, texto de Maitê Proença e Luiz Carlos Góes — desenvolvido a partir de um esquete de *Achadas e perdidas*, de Maitê — sobre duas meninas diante do corpo da mãe de uma delas. Também conduziu a encenação de *Um boêmio no céu*, a partir da obra de Catulo da Paixão Cearense. E assinou a montagem de *Virgolino Ferreira e Maria de Déa — Auto de Angicos*, de Marcos Barbosa, sobre os minutos finais de Lampião e Maria Bonita, antes de serem executados na Grota do Angico, em 28 de julho de 1938. No programa do espetáculo, Amir escreveu:

Não nos interessa na história de Virgolino a reprodução caricata ou "realista" de Lampião. Não é nem a cartucheira nem o chapéu de aba virada que nos atraem, mas sim saber que todo o imaginário brasileiro é preservado pela saga desse herói bandoleiro, misto de bandido e justiceiro, amado pelo povo cada vez mais e temido pelas elites que dominavam e controlavam as terras do Nordeste. Todos nós brasileiros temos dentro de nós algum tipo de configuração para a lenda que se formou a respeito de sua saga.

Amir ainda participou de uma iniciativa visceral. Dirigiu a leitura de *A ponte e a água de piscina*, peça de Alcides Nogueira, realizada por Françoise Forton na UTI do hospital. O convite feito por Eduardo Barata, marido da atriz, foi certeiro. Amir — como afirmou na conversa que antecedeu a primeira exibição da leitura, depois do falecimento de Françoise — sempre considerou o teatro "um caso de vida ou morte", e, diante desse trabalho, teve a sensação de realizar um ato de salvação.

Tá Na Rua, a descoberta de um amplo Rio de Janeiro

A pulsão de vida norteou Amir, que sempre escapou de enquadramentos. A capacidade de, por um lado, transgredir a estrutura do teatro de mercado e, por outro, de se inserir na cena empresarial não é a única aparente contradição na sua carreira. Outra falsa oposição se dá entre o comprometimento com os coletivos de trabalho e a contribuição criativa nos mencionados monólogos. "Quando eu estou dirigindo um monólogo, a minha sensação de coletivo é maior do que quando dirijo um elenco. Nunca senti falta de mais gente em cena nos monólogos porque os intérpretes sempre trazem muito material e há grandes equipes nos bastidores. Não há como fazer teatro sem uma coletividade." Mesmo nos espetáculos em que conduz elencos numerosos, o ator não sofre anulação. "Se o coletivo ficar prejudicado pelo indivíduo está errado e o contrário também. O espetáculo é uma tentativa de organização perfeita entre as necessidades coletivas — do espetáculo — e as individuais — do ator. Ambos devem estar bem amparados e sustentados. É importante participar de uma produção coletiva sem abrir mão da própria individualidade", assinala. Amir sabe sobre o que está falando. No início dos anos 1980 fundou o grupo Tá Na Rua. Apesar da quantidade de integrantes, não perdeu de vista as especificidades de cada ator.

O nascimento do Tá Na Rua foi singular. Amir ministrou um curso no Teatro dos 4, que culminou na adaptação do cordel *A revolta de São Jorge contra os invasores da Lua*, de Erotildes Miranda dos Santos. Com o término do curso, os alunos continuaram remunerando Amir com o intuito de dar continuidade ao processo de pesquisa que estavam desenvolvendo. Para viabilizar a empreitada, conseguiram que a RioArte comprasse determinadas apresentações. Diante da necessidade burocrática de dar um nome para esse coletivo, surgiu o Têve na Rua, expressão logo substituída por Tá Na Rua. Assim começou o grupo de Amir Haddad, resultado da fusão do Grupo de Niterói com remanescentes do curso no Teatro dos 4.

> Meu trabalho no Tá Na Rua decorre do governo Médici. Somos filhos rebeldes da ditadura, uma reação ao excesso de autoritarismo que predominou fortemente na década de 1970. Uma tentativa de resistência e sobrevivência a tudo o que estava acontecendo. Procuramos nos organizar de modo a não repetir nenhum dos pro-

cedimentos autoritários que imperavam na vida pública brasileira naquele período. Tínhamos desejo de respirar, de viver de outra maneira. Por isso, nos colocamos à margem de tudo o que estava sendo feito. Se você participasse institucionalmente da vida cultural ficaria controlado pelo pensamento autoritário da época.

Amir evoca o período mais radical da ditadura, entre 1969 e 1974, quando o Brasil foi governado pelo presidente Emilio Garrastazu Médici. Na Escola de Teatro Martins Penna, se debruçou, juntamente com os alunos, sobre duas peças — *Ricardo III*, de William Shakespeare, e *A vida de Galileu*, de Bertolt Brecht —, que determinaram sua percepção em relação aos anos de chumbo.

O primeiro personificava o poder sem nenhum saber — o poder ignorante, arbitrário, violento, a cara do que estávamos vivendo. O segundo era o saber sem poder — algo que diz respeito à nossa impotência. Nós, que éramos possuidores de algum saber, precisávamos descobrir uma maneira de sobrevivência porque não tínhamos nenhum poder. Não era permitido levantar a nossa voz. Essa luta entre o poder sem saber e o saber sem poder norteou o meu trabalho a partir de 1968 e durante a década de 1970 e o estudo desses dois textos influenciou na formação do Tá Na Rua.

O grupo — que surgiu num momento mais brando, pós-Anistia, arejado pela lenta reconquista da democracia — marcou um novo alargamento de horizontes para Amir. Se antes havia palmilhado um Brasil desconhecido ao migrar para o Pará, agora expandia o vínculo com o Rio de Janeiro e os habitantes da cidade ao levar o teatro para áreas onde este não costumava chegar.

Fui a lugares onde o meu teatro poderia crescer e melhorar através do contato com outros setores da cidade e da população. Sabia que me daria uma consistência afetiva, amorosa, intelectual, porque significa o contato do artista com o mundo em que vive. Fiz teatro em quase todos os morros e praças do Rio. Nunca tive uma postura messiânica, do tipo transmitir cultura aos pobres, levar sensibilidade aos ignorantes. É um preconceito achar que precisa baratear a sua linguagem, que as pessoas na rua sabem menos que você. Adquiri uma noção da cidade e um contato com a população que não tinha como conseguir como morador da Zona Sul. Passei a desejar construir a cidade para quem vive nela e desmontar a cidade para quem vive dela. A minha paixão pela cidade se mantém hoje.

A tenacidade em desbravar o Rio despontou em iniciativas diversas. Como diretor do departamento de cultura na gestão de Antonio Pedro à frente da Secretaria Municipal de Cultura do Rio de Janeiro, Amir se dedicou ao projeto do Palco sobre Rodas, que consistia em apresentações dentro de um ônibus que ficava estacionado em pontos diferentes da cidade, com foco na região periférica.

A amplitude das áreas onde o Tá Na Rua se apresentou fica evidenciada no mapa da cidade que o grupo conservava na primeira sede, na Casa do Estudante Universitário, no Flamengo, com alfinetes cobrindo cada região por onde os atores haviam passado. "Temos uma dívida de gratidão com os estudantes, que nos acolheram durante anos. Foi muito importante para a consolidação do meu trabalho. Dali é que partimos para a rua, para fazer os primeiros espetáculos em praça pública, no Aterro." Do Flamengo, o Tá Na Rua conquistou um espaço dentro do estádio do Maracanã, onde guardou seu acervo, e seguiu para a Lapa.

Saímos do Flamengo porque quisemos. Alugamos um sobrado na Rua do Rezende, que nos deu melhores condições porque ali era um espaço só nosso. Ocupamos o quarteirão inteiro no meu aniversário. Os convidados usufruíam o que os dois bares da rua tinham a oferecer. Eu e Beth Carvalho cantávamos. Os travestis da região vinham e ficavam até altas horas.

O grupo mudou de endereço, mas permaneceu fiel à Lapa boêmia. "Fomos para outra casa. Naquela época, um corredor de casas foi transformado em aparelho cultural. O governador Nilo Batista apostou nessa escolha para sanear a Lapa", conta Amir, em relação à iniciativa oriunda do projeto Casas da Lapa, apresentado por Licko Turle ao governo do estado. O primeiro grupo a se estabelecer nesse corredor foi o Centro de Teatro do Oprimido, seguido pelo Grupo Hombu de Teatro para Infância e Adolescência, pelo Tá Na Rua, pela Federação de Blocos e Afoxés do Rio de Janeiro, pela Casa Brasil-Nigéria de Cultura Afro-Brasileira/Instituto Palmares de Direitos Humanos (IPDH) e pelo Centro de Demolição e Construção do Espetáculo, companhia capitaneada por Aderbal Freire-Filho, que, porém, não chegou a assumir a casa, que sofreu um incêndio. Na sua casa, o grupo de Amir encenou o *Cabaré Tá Na Rua*, no qual forneceu um painel da Lapa ao longo do tempo.

Passado iluminando o presente

Amir colocou o bloco na rua com muita naturalidade. "Fui sozinho para a Cinelândia, com lenço amarrado na cabeça, contando uma piada, e juntou um bolo de gente em volta de mim. A roda foi alargando, o grupo veio comigo. Colocaram um tambor na roda", lembra. Como hino, o grupo elegeu a marchinha de Carnaval de Geraldo Blota e Joseval Peixoto, "Ói nóis aqui traveis".

Temos sintonia com a letra da música: "Voceis pensam que nóis fumos embora/ Nóis enganemos voceis/ Fingimos que fumos e vortemos." O nosso teatro volta no tempo, mais exatamente à Idade Média. Um teatro que se manifesta livre de qualquer controle, do aprisionamento da burguesia, da camisa de força da ideologia da classe dominante. O teatro adquiriu as características desse grupo social e tentaram nos convencer de que foi e seria sempre assim. Mas o teatro é filho da história e não da ideologia. Valorizamos os espaços abertos, o ator vivo, a ausência de personagens, o improviso. São elementos muito antigos do teatro. Por isso dizemos que nosso teatro é eternamente velho e eternamente jovem.

Amir evoca o período final da Idade Média, quando o teatro se libertou da Igreja e ganhou a rua num duelo em que o profano superou o sagrado, possibilitando a explosão da cena popular. Apesar da semelhança (com pequena diferença de grafia), o nome não faz referência ao grupo de Porto Alegre, voltado para o teatro de rua desde 1978. "Em determinado momento, o Ói Nóis Aqui Traveiz veio ao Rio de Janeiro e trabalhou na casa do Tá Na Rua. Há, entre nós, amizade, afinidade e respeito", informa Amir, aproveitando também para citar outro fundamental grupo dedicado ao teatro de rua: o mineiro Galpão, que nasceu em 1982.

A prática do teatro de rua remete a uma intencional escassez de recursos técnicos. Afinal, para que o teatro aconteça basta que se estabeleça o contato vivo entre atores e espectadores.

Consciente disso, Amir investiu numa cena quase destituída de tecnologia.

> O que mais demorei a fazer foi inserir um microfone em cena para o narrador. Foi o máximo que permiti, mas com dor e cuidado, diante da necessidade de atingir o espaço que eu estava abrindo. Os atores tinham força de presença para atingir um espaço enorme, mas não havia como cobri-lo com a voz. O narrador conduzia a ação e os atores produziam as imagens intensas que eram lidas instantaneamente pelos espectadores. Investimos em narrativas leves que fornecessem chaves de leitura para o público.

O narrador despontou como um herdeiro do *compère*, mestre de cerimônias dos quadros do Teatro de Revista, que estabelecia uma proximidade entre a cena e a plateia.

Afastamento do realismo

O fato de fazer teatro de rua não levou Amir a investir numa cena realista. "Gianfrancesco Guarnieri nunca foi modelo de teatro para mim, embora eu reconheça sua qualidade", diz, referindo-se ao autor de *Eles não usam black-tie*, *Gimba* e *A semente*.

> A linguagem realista não é apropriada para a rua. Havia grupos que faziam realisticamente teatro de rua e não sobreviveram porque não eram retroalimentados pela resposta da plateia. A comunicação realista é uma produção do pensamento pragmático da burguesia protestante, ligada a dinheiro, progresso, desenvolvimento. A fantasia é condição essencial para o povo livre da rua. A poesia é uma

forma popular de comunicação. Trabalho, durante todo o tempo, com música e dança. Os atores oferecem beleza, longe de qualquer pseudomimetismo realista. Percebi que uma tentativa poética era bem mais difícil na sala fechada do que na rua.

A saída para a rua também exigiu repensar a dramaturgia:

É uma questão muito séria nesse teatro. Percebemos que a dramaturgia tradicional, baseada numa estrutura de diálogos, não servia. Seria impossível dada a dimensão do espaço que ocupávamos e o desejo de projeção de imagens poéticas que desejávamos. As experiências anteriores me deram subsídios para pensar possibilidade de dramaturgia em espaços abertos — não dramaturgia em termos de peça escrita, mas do próprio espetáculo. Muitas vezes, fomos para a rua sem nada deixando que o texto se construísse no momento da apresentação. Na volta fazíamos uma reflexão e avaliação para perceber como havíamos sido capazes de escrever aquele texto no instante em que estava acontecendo. Isso nos ajudava a retornar para a rua e desenvolver alguns padrões de como organizar uma dramaturgia. Além disso, exauríamos um determinado assunto até o grupo chegar a um consenso sobre o tema. Já íamos para a rua imbuídos desses conteúdos, mas a forma se manifestava lá, dependendo das ações, das músicas, das intervenções da plateia. Por isso, desenvolvi um treinamento com os atores voltado para a improvisação.

Alguns textos apresentados pelo Tá Na Rua têm estrutura de cordel. "As pessoas na rua sentem muito prazer em ouvir um texto versificado. É o poético de maneira popular, com muita agilidade. Uma batida e um ritmo que tocam o coração de quem passa. A prosa agrada à burguesia, que é muito prática, utilitarista. Lembro sempre de *O teatro cômico*, de Goldoni", diz Amir, evocando a peça que montou, em 1992, com alunos da CAL e o célebre autor italiano do século XVIII que introduziu as figuras da *commedia dell'arte* — forma teatral marcada pelo improviso do ator a partir de seu domínio sobre o repertório de personagens característicos — na estrutura do texto fechado.

Goldoni tirou as máscaras dos personagens da *commedia dell'arte*. Na peça há a figura do empresário, que orienta os atores que vieram da *commedia* sobre como proceder na cena fechada. Repreende a fala em versos com a plateia. Declara que os tempos são outros. Diz que agora não se pode mais dialogar com a plateia, que se deve obedecer à regra da quarta parede. Frisa que os espectadores burgueses querem ver o ator falando como eles. É o estabelecimento do realismo na cena.

Amir recorreu ao cordel em alguns espetáculos do Tá Na Rua, como o já citado *A revolta de São Jorge contra os invasores da Lua, Santo Antonio e a sereia do mar, Iraildes, ou A moça que beijou o jumento pensando que era Roberto Carlos* e *Shakespeare e os orixás*, adaptação de *A tempestade*, de William Shakespeare, feita pela atriz Élida Castelo Branco, que o grupo planeja retomar com o título de *Próspero e os orixás*.

Destacamos como os orixás auxiliaram Próspero — europeu, inteligente, sofisticado - na ilha aonde ele chega. Iemanjá dá a ele o livro dos orixás. Cada vez que ele precisa de algo, chama um orixá. Aparecem Oxóssi, Obaluaê, orixás que estabelecem um modo de vida na ilha. E há um demônio e gênio, Caliban, que procura atrapalhar a relação dele com os orixás.

Cabe destacar *Meu caro jumento*, auto de Natal de Patativa do Assaré, centrado na exploração do animal do título que carregou Maria e Jesus em direção ao Egito, também apresentado em cidades como Macapá e Vitória.

Espetáculos emblemáticos

Muitas encenações importantes atravessaram a trajetória da companhia. Uma delas foi *Dar não dói, o que dói é resistir*, apresentada em Paris, em 2005, ano do Brasil na França, que fornece um panorama do país durante todo o longo período da ditadura, evocado por meio de um roteiro que surgiu de improvisações. "Eu tinha um grupo de teatro muito jovem, com pessoas disponíveis, inteligentes, mas que ignoravam a história do Brasil. Parecia que a vida brasileira nunca tinha sido afetada pela ditadura. Percebi que eles precisavam aprender e a melhor maneira seria por meio da realização de um espetáculo, contando sobre a resistência cultural aos regimes autoritários. Os atores foram se informando e adquirindo consciência crítica", conta Amir, que também pensa em resgatar esse trabalho. Em *Para que servem os pobres?*, concebido para o I Fórum Global Rio-Eco 92, o grupo, a partir da tese do antropólogo norte-americano Herbert Gans, discorreu a respeito da necessidade da pobreza para a preservação do equilíbrio social mundial, equação que ganhou abordagem evidentemente sarcástica.

Cabe mencionar ainda um espetáculo mais antigo, *Uma casa brasileira, com certeza*, peça de Wilson Sayão, que o Tá Na Rua apresentou no Centro Cultural Banco do Brasil do Rio de Janeiro (CCBB RJ) na primeira metade da década de 1990. "Ficamos em cima de um palco obedecendo a regras e padrões do espaço fechado. Mas esperávamos o público no *foyer* e ao final íamos para fora e nos posicionávamos próximos ao Espaço Cultural Correios e à Casa França-Brasil, na rua, que era o nosso lugar, com canto, dança e foguetes. Mantínhamos, portanto, a relação com o espaço aberto." O período de ensaios do espetáculo coincidiu com o traumático confisco das poupanças imposto por Zélia Cardoso de Mello, então ministra da Economia do governo do presidente Fernando Collor de Mello. "O CCBB precisou paralisar suas atividades. Mas Reinaldo Benjamim Ferreira, diretor da instituição, nos manteve lá durante dois ou três meses. Trabalhamos com sossego e remuneração. Quando foi possível retomar as atividades, o espetáculo estava pronto." Amir voltou à dramaturgia de Sayão, mas fora do Tá Na Rua, nas montagens de *A esfinge do Engenho de Dentro* e, mais recentemente, em *Vamos aguardar só mais essa aurora* — essa última, assinando a supervisão. "Sayão tem um diálogo difícil, sofisticado, elaborado", elogia.

Na primeira metade dos anos 1990, o Tá Na Rua se debruçou sobre algumas crônicas de Stanislaw Ponte Preta (pseudônimo de Sérgio Porto) — *Cantinho realista*, *O infernino e o Gervásio*, *O general taí*, *Transporta o céu para o chão*, *Diálogo de festas* e *Inferno nacional* — na realização de *Febeapá* (*Festival de besteira que assola o país*), que se desdobrou em dois espetáculos.

Reunião de forças

Amir firmou diversos elos no Tá Na Rua. Muitos entraram e saíram do grupo, mas houve aqueles que atravessaram boa parte da trajetória do coletivo, alguns presentes desde o Grupo de Niterói. Da primeira geração do coletivo fizeram parte Ana Maria Carneiro, Artur Faria, Betina Waissman, Haylton Farias, Lucy Mafra, Marilena Bibas, Ricardo Pavão, Rosa Douat e Toninho Vasconcelos.

Ana Maria, Betina e Lucy foram o trio de sustentação na formação inicial do Tá Na Rua. Lucy disse que salvei a vida dela. Foi a mais fiel entre todos os integrantes do grupo. Betina saiu de um apartamento de luxo no Leme para abraçar o povo pobre da rua. Hoje é casada com um diretor argentino que mora na Espanha, onde eles têm uma escola de teatro voltada para o método reichiano de psicoterapia. Toninho também fez parte da formação inicial do Tá Na Rua, que chamamos de dinossauros. Rosa foi uma companheira de primeira hora. Esteve na base do Tá Na Rua. Haylton, ator de São Paulo, veio comigo para o Rio quando fui trabalhar com a Ruth Escobar. Artur estabeleceu uma parceria constante e hoje mora nos Estados Unidos. Marilena foi outra contribuição importante. Ricardo tocava o tambor. Chegava a sangrar as mãos puxando o ritmo do trabalho na rua.

Cabe ainda mencionar outros integrantes centrais na trajetória do Tá Na Rua: Licko Turle, Alexandre Santini, Roberto Black, Tony Ferreira, Alessandro Persan. "Tony e Alexandre foram presenças frequentes. Licko, que mora atualmente na Bahia, trabalhou muito comigo e com Augusto Boal. Ele é que conseguiu a casa onde o Tá Na Rua se encontra hoje." Na divisão de trabalho dentro do grupo, Licko ficou encarregado da parte de produção, Roberto, do setor musical (depois que adoeceu essa área ficou a cargo de Alessandro), Lucy, dos figurinos e adereços, e Ana Maria, da pesquisa e do registro teórico. Vale dizer ainda que Jussara

Trindade, em contato direto com Roberto, sistematizou o método de formação de ator do Tá Na Rua a partir da música.

O Tá Na Rua não se destina "tão somente" à apresentação de espetáculos. Trata-se de um grupo por inteiro voltado para o processo formativo. O Instituto Tá Na Rua para Artes, Educação e Cidadania reúne escola e companhia. "Nunca deixei de dar aula. É o lugar de reciclagem do meu conhecimento. Sempre prezei o meu ofício de professor." Uma escola, claro, que não segue à risca uma proposta tradicional. "Não investimos numa estrutura curricular fixa, mas num conjunto de atividades de formação." Antes de ingressar no grupo, os atores costumam passar pela escola. "As nossas portas estão sempre abertas. Qualquer um pode entrar e sair. O que precisa existir é uma identificação das pessoas com o trabalho que desenvolvemos e nossa com elas. A chegada de novos integrantes recicla o grupo."

A trajetória do Tá Na Rua foi preservada graças à verba da Petrobras, que possibilitou a organização do arquivo do grupo. O projeto Memória Tá Na Rua foi contemplado pelo edital público Patrimônio/Humanidade do Programa Petrobras Cultural 2005, que resultou na realização de um livro organizado por Licko Turle e Jussara Trindade, de um documentário, de um site, de uma exposição fotográfica sobre os 28 anos da companhia (a cargo do fotógrafo Renato Velasco e formada por banners de registros dos espetáculos) e do primeiro número de uma revista voltada para o teatro de rua. Todo esse material traz o slogan "Teatro sem arquitetura, dramaturgia sem literatura, ator sem papel", expressão de Amir.

Também vale ressaltar outras iniciativas destinadas à valorização da jornada da companhia. Claudio Boeckel dirigiu o filme *Cirandeiro* (2012), centrado na companhia, tanto nas apresentações quanto nos bastidores, com destaque para a condução catártica de Amir junto aos atores. Esse documentário, inclusive, foi refeito, ganhando nova versão intitulada *Cirandeiro em III atos* (2021). Nos atos — "Ato de entrega", "Ato de amor" e "Ato de fé" —, Amir sublinha a necessidade de realizar, na rua, um teatro que rompa com qualquer engessamento ou padronização, uma arte norteada pelo sentido de liberdade. A partir de um argumento próprio (formulado em parceria com Renata Sorrah), Boeckel se dedicou integralmente ao trabalho, acumulando as funções de direção, roteiro e montagem (junto com Rhalph Maffucci). Mais uma parceria foi estabelecida com Hernani Heffner, que, em 2020, assumiu a gerência da Cinemateca do Museu de Arte Moderna (MAM Rio) e passou a zelar pela memória da companhia. "Estou combinando com ele uma nova apresentação do Tá Na Rua para comemorar a reintegração do grupo com o MAM", anuncia Amir.

A chegada de Sandro

A rua também deu a Amir o maior dos presentes: o filho Sandro. Ele apareceu no início da década de 1980, na época do movimento da campanha pelas Diretas Já, quando o grupo realizou uma provocante intervenção na região da Candelária a respeito da relação senhor/escravo simbolizada, respectivamente, por um rei (interpretado por Amir) e um escravo (papel de Roberto Black) e na irônica reivindicação pela volta da monarquia.

> Nós fomos para o meio do povo dizendo que as pessoas que estavam na rua fossem para casa e que nós falaríamos por elas. Sandro en-

trou na roda com uma placa dizendo: "Sou surdo-mudo." Eu disse: "Fala." Ele evidentemente não podia falar. Eu retruquei: "Estão vendo? Ele não fala. Quem vai falar por ele sou eu." Ele pediu a máscara e entrou na roda fazendo estrelas. Fez o gesto de agradecimento do circo. Sabia tudo. Era um anjo caído do céu, um iluminado. Possuía um brilho muito forte que encantou todo mundo. Vivia totalmente só, sem pai nem mãe. Tinha o cabelo enorme, as roupas esfarrapadas, os pés enrolados em trapos. Fugiu do orfanato em São Paulo e tinha chegado menos de uma semana antes ao Rio de Janeiro. Veio a pé, de carona. Ele via imagens do Rio pela televisão e sonhava em vir para cá. Quando terminamos o trabalho, ele me pediu um sanduíche de mortadela e um guaraná. E nunca mais saiu da minha vida. Estabeleceu-se entre nós algo avassalador, um amor muito forte. Até hoje ele é uma parte definitiva da minha existência. Toda a minha preocupação é voltada para o futuro dele. Não sei o que seria de mim sem o Sandro. Nunca me arrependi de tê-lo adotado. Sandro é produto do meu casamento com a rua. É como se a rua me dissesse: "Você fala tanto sobre a rua, as pessoas da rua, então eu mando esse garoto para você. O que vai fazer? Ignorar? Agora eu quero saber qual é realmente a sua ligação com a rua." Como se colocasse em xeque a minha opção pelas pessoas desprovidas de teto, de lugar.

A chegada de Sandro marcou o rompimento definitivo de Amir com a solidão:

Vivia sozinho para não ter que perder ninguém. Um dia, tocam a campainha. Abri e me deparei com uma cadela. Saí de porta em porta procurando pelo dono, mas acabei ficando com ela. Aí já não dava para ter só água na geladeira. Ela bagunçou a minha vida. Desisti da minha solidão e passei a conviver com uma entidade poderosa, que era a cachorrinha. Depois veio Sandro e, na sequência, Maria Helena, minha companheira.

As conquistas afetivas de Amir ao longo da vida sinalizam uma abertura para o mundo, a conquista de uma postura libertária. Nem sempre foi assim. "Nunca fui usuário de drogas. Sempre tive muito medo de perder a lucidez, o controle dos meus pensamentos, dos meus caminhos. Não me entregava facilmente, a não ser ao teatro, à paixão pelo ofício." Amir, porém, desconfia de que sua imagem ficou, em alguma medida, ligada a um desbunde alucinatório, tendo em vista a contundência do movimento de ruptura com as bases do teatro convencional. "Por causa desse rompimento, surgiu a imagem de um diretor premiado que foi tocar tambor na rua. As pessoas passaram a dizer que eu tomei um ácido e não voltei. Mas não é verdade. Fumei apenas maconha, que durante muito tempo me acalmou na hora de dormir. É um calmante excelente."

Nacionalização dos clássicos

O movimento de abertura de Amir se traduziu na aproximação de uma dramaturgia popular e luminosa, característica evidenciada em diversas montagens, como *Noite de Reis*, uma das célebres comédias de William Shakespeare, que montou, em 1997, no CCBB RJ. "*Noite de Reis* é uma festa, um encantamento. Gosto mais do que de *Hamlet* e *Macbeth*", assume, citando as imortais tragédias shakespearianas. No mesmo espaço Amir encenou, no ano anterior, outra peça do dramaturgo inglês, *O mercador de Veneza*. Em texto escrito para o programa do espetáculo, Amir, como de hábito, frisa a conexão que procura estabelecer com o contexto brasileiro. "Quantos hoje estão no Brasil inadimplentes, suicidas, desesperados? Sendo violentamente cobrados? É espantosa a modernidade dos 'sentimentos shakespearianos'..."

O vínculo com o Brasil voltou à tona em sua montagem de *O castiçal*, texto de Giordano Bruno sobre malandros que dão golpes em representantes da elite napolitana do século XVI. "Com humor feroz e delirante e a sexualidade febril e explosiva da Nápoles quinhentista, Giordano Bruno vai radiografando a estrutura óssea de uma sociedade artroide e reumática, fazendo com que nosso riso castigue nossos 'maus' costumes", disse Amir em texto publicado no programa do espetáculo. Amir, que teve acesso ao original por intermédio do professor italiano Camilo Bonomi e do poeta Jorge Wanderley, se engajou na montagem também como ator. "Era uma grande farra. No intervalo, os atores desciam para a plateia e os espectadores subiam ao palco. Era teatro aberto sobre pessoas que não primam exatamente pelo caráter, mas se mostram dignas de admiração em sua humanidade. Tem a esperteza própria do brasileiro. Giordano Bruno foi queimado vivo. Dizia que Deus precisa de quem o adore — do contrário, não existe. Eu me sentia cúmplice dele", descreve Amir sobre o texto que contou com a contribuição de Alessandra Vannucci nas áreas de tradução e dramaturgia. O espetáculo foi apresentado em 2003, no Teatro Carlos Gomes. "Na época, eu estava à frente desse espaço. Também fui diretor artístico de outros teatros — João Caetano, Glaucio Gill e Villa-Lobos. Nesse último, trouxe o palco para a frente e eliminei as primeiras filas, melhorando a planta do teatro."

Amir também teve uma experiência mais que promissora no Espaço Tom Jobim, localizado dentro do Jardim Botânico, onde se apresentou a convite da figurinista Biza Vianna e realizou espetáculos contagiantes. "É um teatro em que a natureza entra pelo espaço." Lá encenou *Bodas de sangue*, de Federico García Lorca, em 2009, espetáculo que surgiu a partir de oficinas que ministrou, e *Escola de Molières*, reunindo cenas de peças do comediógrafo francês, em 2010. "Depois fizeram uma heresia transformando o teatro numa sala italiana convencional."

Amir ator

A luta por se mostrar como um indivíduo e artista cada vez menos defendido pode ser relacionada ainda à retomada de Amir do trabalho como ator no teatro, no cinema e na televisão. Ao se colocar nessa função, resgata a conexão com o início de seu percurso artístico, impulsionado por Sergio Mamberti. "Comecei em teatro como ator, mas fui reprovado na Escola de Arte Dramática (EAD)", relata Amir em relação à célebre escola fundada por Alfredo Mesquita. "Passei a dirigir por acaso. Foi uma montagem de *Cândida*, de George Bernard Shaw, no auditório do Colégio de São Bento, em São Paulo, quando fiquei sem papel na peça. Renato Borghi propôs que eu dirigisse. Fizemos duas apresentações com sucesso. A crítica me viu como um diamante a ser lapidado. A partir daí, a carreira de diretor se tornou cada vez mais forte. Mas até retomar o trabalho de ator havia um lado meu muito frustrado, amargurado. Quando consegui voltar, a minha relação com teatro ficou mais completa. O lugar de ator é o mais confortável do mundo para mim. Não tenho que resolver crise com elenco, cenógrafo, figurinista, produtor", informa.

Vale lembrar da presença de Amir como ator em duas montagens de peças de Martins Penna. Fez uma pequena participação em *O noviço*, encenação a cargo de Flávio Rangel no Departamento Teatral do Centro Acadêmico XI de Agosto. E esteve em *Os dois, Ou o inglês maquinista* no período em que morou no Pará. Bem mais adiante, Amir foi visto em cena em *Deus*, de Woody Allen, em montagem de Mauro Mendonça Filho, na já mencionada encenação de *O castiçal* e, mais recentemente, interpretando Tirésias em *Édipo Rei*, na versão conduzida por Eduardo Wotzik. No cinema, participou de produções de renomados diretores veteranos, como *Harmada* (2005), de Maurice Capovilla, e *O veneno da madrugada* (2006), de Ruy Guerra — respectivamente, adaptações dos livros homônimos de João Gilberto Noll e Gabriel García Márquez. Também integrou o elenco de *O homem do ano* (2003), de José Henrique Fonseca, baseado no romance de Patrícia Melo.

Nos últimos tempos, Amir esteve num filme voltado para o valor artesanal do entretenimento popular — no caso, o circo —, espinha dorsal de sua travessia artística: *Poropopó* (2021), de Luís Antônio Igreja. E prestou importante contribuição em *O beijo no asfalto* (2018), filme de Murilo Benício que dialoga diretamente com o teatro ao mostrar atores conversando e representando cenas da peça de Nelson Rodrigues em um palco. "Nesse filme fiz algo bem próximo de mim: um diretor que está ensaiando com um elenco uma encenação de *O beijo no asfalto*. Perguntei a Murilo o que deveria falar numa cena de ensaio de mesa e ele me deixou inteiramente à vontade. Fernanda Montenegro respondeu muito bem aos estímulos que lancei", diz Amir em relação à atriz, que ficou encarregada de ler a personagem da vizinha, D. Matilde, e, na montagem da companhia Teatro dos Sete, em 1961, interpretou Selminha. Vale lembrar, inclusive, que essa peça foi escrita por Nelson Rodrigues para o Teatro dos Sete a pedido de

Fernanda Montenegro, que precisou insistir até que o dramaturgo entregasse o texto.

Como ator, Amir procura colocar em prática as próprias palavras destinadas aos alunos, valendo destacar o trecho gravado por Geraldo Torres — reproduzido no programa da montagem de *Tango* — por ocasião da aula que ministrou no terceiro ano de formação de ator na Escola de Teatro da Fefieg.

> Você é como ator aquilo que você é como ser humano. Se você é um ser humano medíocre, você será um ator medíocre. Você poderá enganar, mas aí o teatro não significa nada para você e vai ser muito difícil você aguentar uma temporada inteira porque cada peça que estreia, no dia seguinte você quer sair do papel, porque o teatro para você não vai ser uma integração no mundo, pelo contrário, vai ser uma rotina dolorosa, pior que datilografia, porque o material de trabalho do teatro é o ser humano e você nega esse material. Então, é muito chato você repetir cada noite a mesma coisa porque o ser humano não é nunca a mesma coisa. Há atores com habilidade técnica capaz de resolver qualquer problema no palco sem se comprometer com isso. Esses atores são porta-vozes de uma atitude morta. Eles defendem um mundo morto, que é o mundo deles, um mundo onde as coisas se resolvem numa inflexão, onde as coisas se resolvem numa voz mais grave ou mais aguda, se resolvem num gesto pensadinho para levar o público ao resultado que ele quer. É um ator que nunca se expõe. É um ator que impõe ao público determinadas coisas. Um ator que não cresce no trabalho, nem deixa o público crescer, quando muito gratifica o público ou controla ele fascistamente.

Amir e o teatro

Defensor de um artista irremediavelmente comprometido com seu ofício — na contramão daquele que realiza seu trabalho com apuro técnico, mas sem atravessamento pessoal —, Amir Haddad não precisou se concentrar numa única vertente teatral. Deu vazão a um teatro de invenção tanto em coletivos quanto em espetáculos avulsos, tanto nos projetos experimentais quanto nos filiados às regras do mercado, tanto no espaço aberto quanto na tradicional caixa fechada. Diante de uma trajetória tão abrangente, marcada pela habilidosa conciliação entre configurações (aparentemente) opostas, Amir percebe o teatro em suas múltiplas possibilidades, como manifestação inconclusa, arredia em relação a eventuais categorizações, como se pode perceber no depoimento que concedeu no filme *O que é teatro?*, de Reinaldo Maia.

> Quando se constrói essa catedral do afeto que é o espetáculo, quando as coisas se harmonizam, o teatro é a utopia representada, é a possibilidade dos homens se organizarem e serem felizes, é o sonho alquímico, a organização de todos os elementos complexos que compõem o teatro e a possibilidade do homem se entender. Mesmo mostrando uma realidade ruim, a esperança é o teatro. É o grande encontro dos homens que se entendem e se olham. Teatro é uma liturgia carnavalizada que consegue falar e reproduzir a vida em termos poéticos que alteram a sua percepção dessa mesma realidade. Nesse sentido, teatro é a própria vida. Lida com verdades para construir uma mentira que significa uma possível leitura da vida. Mas se você me perguntar o que é teatro eu não sei dizer.

2. NA SALA DE ENSAIO

por Amir Haddad

Depoimentos colhidos por Claudio Mendes
em colaboração com Gustavo Gasparani

Agora vocês já sabem um pouco mais de minha vida. Ela, a vida, foi a minha grande escola. Minhas vivências, as experiências vividas, foram construindo meu discurso, meu saber. Com a ajuda, é claro, dos meus amigos mais leais: Shakespeare, Brecht, Molière, Lorca e uns conselheiros especiais como Artaud, Meyerhold e, mais recentemente, Nietzsche.

Não espere um método Amir Haddad de teatro. É justamente o contrário disso! Não há método. O que há é liberdade. Liberdade e bom senso! Nem Bertolt Brecht, nem Peter Brook, nem mesmo Constantin Stanislaviski escreveram métodos ou regras para "treinar" atores. Mas pensaram o teatro profundamente e modificaram sua prática ao longo do século passado. É disso que se trata.

Os textos a seguir são coisas que eu disse por aí nas entrevistas, nos programas de TV, nos jornais, nas aulas gravadas, nos ensaios filmados etcétera. Organizados de forma a se revelarem um discurso único, coerente. No meio destes textos há também anotações de atores durante oficinas, ensaios que fizeram comigo. Sempre eles, os atores, que agora me salvam e me possibilitam legar para a posteridade os meus pensamentos sobre teatro, sobre o ator e seu lindo ofício. Vivam os atores! Evoé!

Agora nós vai ficar freguês... (o encontro do ator comigo)

O ator que chega para trabalhar comigo de malha preta fica ali, tonto, sem saber o que fazer, esperando para começar o trabalho, o ensaio, como ele conhece: ler o texto, aquecer o corpo...

Às vezes ele veio de uma escola em que os professores ensinaram a impostar a voz, a corrigir a postura, usar subtexto, a falar uma frase pensando em outra, a fazer gênese de personagem, tudo aquilo criou uma confusão enorme na cabeça daquele ator. A paixão, que é derramamento, o mar de afetos e mistérios, a expansão do gesto teatral sucumbiram a uma porção de regras sobre teatro, ideias, conceitos, que lhe tiraram o frescor, a vida, e provavelmente o desejo inicial que levou aquela pessoa a procurar o teatro.

Eu acho muito feio você definir antes pro ator o que é teatro e dizer pro ator seguir aquilo. Aí o ator aprende algumas regras e fica fazendo teatro. É a pior coisa do mundo é ir ao teatro e ver o ator fazendo teatro. Eu não suporto teatro! Não vem fazer teatro para mim, não!

Meu teatro não tem nada a ver com repetição, com ensaio, com decorar texto.

Eles chegam para trabalhar comigo, eu vejo qual é a ideia deles do que é um ator, do que é o teatro, qual é o nível de cidadania que é exigido de cada um. Se não derruba a vaidade não consegue. É difícil porque ataca todos os conteúdos e valores ideológicos que construíram seu afeto. Os valores da classe média atrapalham muito o ator. Nós não somos educados para sermos melhor cidadãos. Nós somos educados para servirmos à sociedade em que vivemos. São valores que fazem parte da educação pequeno-burguesa que cada um de nós recebe, em que é muito imperativa a noção de mãe, pai, família, respeito, limite. Essa educação é absolutamente contrária ao teatro. Se você for fazer o que a sua educação manda, você não faz teatro! Se perguntar para que serve a educação que você recebe, você nunca vai dizer "serve para fazer teatro". Serve para acomodar o cidadão, serve para tirar o ímpeto, para controlar, para mantê-lo submetido aos valores da sociedade onde ele vive, para impedir que ele transgrida, que ele fuja da regra, serve para matar. Desde pequeno se fala para uma criança: "Para de reinar, não faz arte, deixa de ser arteiro!" Eu sempre digo pros atores: "Reina! Aparece! Mostra, assume, tem que reinar!" Não tem ninguém educando para romper. E eu mexo nesses valores. Não são valores mentais só. Mexe diretamente no afeto.

>Rap do Amir
>Dar não dói, o que dói é resistir.
>Porta da rua é serventia da casa.
>Libera essa genitália. Solta o sentimento.
>Quer ser ator, olha a vaidade!
>Passarinho que come pedra sabe o cu que tem.
>Não me venha com sedução, não!
>Extrato de classe média.
>Quem não quer nada quer o poder.

Essas frases meus atores ouvem o tempo todo. Por isso fizeram o "Rap do Amir" com essas frases. Para nunca esquecerem. Eu digo sempre a eles: nós precisamos recuperar nossa indignidade perdida.

Como escapar da ideologia, nós, cidadãos brancos de classe média média da burguesia, trabalhando para uma plateia homogênea da classe média média da burguesia? Como não estar atendendo aos interesses ideológicos dessa classe? Como fazer com que nossa atividade seja o reflexo da história, do movimento, da transformação e não da consolidação de valores de uma sociedade em ruínas? Como é que eu faço para que minha arte não seja a tentativa de segurar vivo um mundo que eu quero que caia?

Não posso imaginar um ator que não tem a menor noção do mundo em que ele vive. O ator deve conhecer a sua realidade social, conhecer as pressões a que está submetido, entender qual o teatro que ele vem recebendo como herança e ter uma visão abrangente de si mesmo e do mundo à sua volta. Você romper com os padrões de consumo que nos são impostos é uma atitude política. Para ser ator tem que vencer isso! E quando você destrava essa prisão, você libera seu corpo, sua opinião, sua sexualidade, e você avança na sua cidadania. Isso é muito importante pro ator, o que atrapalha o ator é resistir à entrega. Por isso eu faço um desmonte ideológico da couraça afetiva que colocam sobre nós e que nos faz prisioneiros dela. Faço um desmonte da afetividade para que joguem com uma afetividade mais pura, mais verdadeira, mais transformadora. Se você se entrega ao teatro, o teatro se entrega a você.

O ator não pode ser passivo! Tem que ser capaz de refletir para não virar prisioneiro da vaidade. Ser prisioneiro da vaidade significa ser prisioneiro da opinião do outro. Ser dependente da aprovação do outro. E você acha que alguém vai ter interesse em olhar para um ator cujo trabalho não tem qualidade humana, cujo trabalho é só histrionismo, um bando de gracinhas e virtuoses que ele sabe fazer para seduzir a plateia? O público é inteligente e ele quer ver o ator se entregar e não se esconder.

O ator não é só o personagem, o papel. Se você não é o papel, quem é você? Tem que restaurar a cidadania do seu ator! A quem serve o ator? O que é ele? O que ele faz? Qual é o nível de escolha, de opção, o que ele tá se propondo e que noção ele tem do ofício dele?

Ator tem que ter coragem de correr risco! De errar! Quem não erra não acerta! E é melhor uma diarreia do que uma prisão de ventre. "Dentro de ti te mata, fora de ti te salva", costumo dizer essa frase aos meus alunos.

Tem que botar o cu na reta, não porque eu mandei, mas porque tá a fim de encarar! O maior desafio do ator é se deixar devorar. Tem que se deixar devorar! É essencial dessa disponibilidade de se deixar devorar, ser consumido, com absoluta ausência de resistência, em total entrega. O espectador quando olha para você é com a intenção de devorar, de absorver inteiro aquele cidadão que está ali na frente dele, a imagem, o corpo, vem tudo para dentro dele. Esse é um momento precioso entre o ator e a coletividade que é a plateia. O público não te leva na cabeça, te leva nas vísceras!

Agora, o melhor jeito de se entregar é sempre através do coletivo com o qual você está trabalhando. Não há desenvolvimento individual sem desenvolvimento coletivo. E não há crescimento coletivo sem crescimento individual. Não há como eu formar *indivíduos* para uma manifestação que é *coletiva*. No teatro, o afeto coletivo é a rede na qual os atores se jogam. É o que dá segurança para os atores se jogarem. Se você está desligado dessa teia afetiva, fica difícil a sua manifestação.

Eu quero mostrar que a vida é movimento e o teatro também é movimento. O ator tem que sair da inércia. Teatro é movimento! Você sentiu que a vida tá correndo e não vai?

Para servir à minha proposta tem que ser um ator que seja um cidadão, que tenha opinião, que não vai para rua ou para o palco debaixo de um disfarce. Ele vai para cena como ele é e lá ele pode ocupar todos os disfarces, todas as máscaras, e pode desenvolver o seu discurso. Não é o papel que faz o ator. O que faz o ator é a liberdade, a sensibilidade, a consciência política, o nível de opinião que ele tem sobre ele, sobre o mundo em que ele vive e sobre o teatro que ele quer fazer. Eu me preocupo, então, muito mais com o cidadão do que com o artista. Acho que a arte tem muito mais a ver com cidadania do que com habilidade. Mozart não foi um gênio por suas habilidades, mas, sim, por saber usá-las.

Às vezes o ator não consegue ver as milhares de possibilidades que tem dentro de si. Há uma dificuldade enorme em abrir a praia do seu peito e deixar as ondas do mar do afeto e do mistério virem bater aqui para fora para molhar os pés daqueles que se aproximam dele.

O ator deve descobrir seu lugar de sobrevivência, descobrir a eternidade desse nosso ofício, se livrar da camisa de força da ideologia e se cobrir com os trapos coloridos da fantasia. Descobrir nossa eternidade e permanência, saber a nossa ancestralidade para sabermos um pouco mais sobre a nossa contemporaneidade. O teatro é eternamente velho e eternamente jovem.

No meu trabalho não há concentração de poder. Embora, naturalmente, eu tenha um poder, mas o meu poder quem me garante é o meu saber. E isso não significa que eu exclua outros saberes, de qualquer pessoa. Existe uma hierarquia de saber: se você sabe menos, você vai ter menos discurso do que aquele que sabe mais.

Eu não poderia sobreviver numa realidade em que não houvesse possibilidade de manifestações de verdades diferentes umas das outras, capazes de conviver entre elas. Meu trabalho é a prova mais evidente de que isso é possível, desejável, saudável. E esse é o caminho.

Eu não tenho ensaio individual. Meus ensaios são sempre coletivos e abertos. Todos participam da maneira que bem entendem. Eu ofereço o espaço, roupas, adereços, música e liberdade. O tempo todo o ator vai trocando de pele, vestindo personagens, seguindo os estímulos dados pela música, pelo coletivo, e eu vou administrando as relações que se estabelecem na coletividade.

Eu aprendi muito sobre teatro lendo João Saldanha e Armando Nogueira e ouvindo Neném Prancha falando sobre futebol. Eu li esses caras com mais interesse do que li qualquer livro do Stanislavski.

Meu teatro é um jogo em que há muita liberdade controlada por pouquíssimas regras, como no futebol. Essas regras os nossos atores descobrem quando estão no jogo. Meus atores conhecem suas posições dentro do campo, conhecem o espaço no jogo, sabem se locomover no espaço e trabalham com os princípios fundamentais do futebol: quem pede recebe e quem se desloca tem a preferência. Jogador de futebol tá olhando o campo, olhando a bola, tá olhando os outros companheiros, tá escutando a torcida, tá vendo o jogo, atento ao técnico, tá fazendo tudo. Jogador de futebol é vivo, ativo, atento, esperto, olhos abertos, capaz de improvisar, capaz de resolver um problema quando ele aparece. É assim que eu desejo o ator.

Outra fonte importante do meu trabalho é a cultura religiosa do povo brasileiro. Notem que não falo de religião, mas de cultura religiosa. Principalmente a de origem africana. As religiões monoteístas me deixam angustiado. Se eu tenho um só Deus, que está acima de tudo e nega minha natureza, eu começo a querer chegar num lugar que deve ser o paraíso, a salvação, que é a burrice, parar de pensar! Os muitos deuses me ajudam a me entender melhor. Cada um cuidando de um aspecto nosso. Se eu tenho um deus que fala do meu ódio, outro do que é amor, um que fala sobre minha sexualidade, outro sobre minha dúvida, eu vou saber lidar melhor com tudo isso.

Nossos atores não incorporam, eles manifestam os personagens. Manifestação é o contrário de incorporação que aprisiona o ator e ilude o espectador. Nossos atores não se transmutam, eles se manifestam de dentro para fora, de baixo para cima. Nós chamamos nosso espetáculo de gira, porque tem a dinâmica de uma gira de candomblé. As entidades vão se aproximando de acordo com as músicas que vão tocando. Quem faz a música é o Ogã do espetáculo. No candomblé nós dizemos que o melhor cavalo é o que tem o menor grau de interferência na manifestação da entidade. O personagem é a entidade, o orixá. E o cavalo, ou o médium que manifesta a entidade, é o ator. O ator deve dar passagem ao personagem e nunca se esconder atrás dele. É manifestação e não incorporação.

O Carnaval, a festa de Momo, é outra manifestação popular a partir da qual meu trabalho se desenvolve. O Rei Momo é uma autoridade tolerante, permissiva, que nos permite viver coisas que durante o resto do ano, se fôssemos viver, o prefeito botava a gente na cadeia! O Rei Momo nos liberta. Ele recebe a chave da cidade. E com a chave ele passa a ser o dono da cidade e nós, cidadãos, estamos muito mais livres do que antes. Essa liberdade eu aconselho aos atores.

Então, meu trabalho é resultado da liberdade do Carnaval, a agonia do futebol e a inspiração de uma gira de candomblé. O Carnaval é uma forma espetacular, popular; o futebol é um espetáculo popular dos mais glorificados para além do jogo; os rituais religiosos também são espetaculares, as grandes procissões, uma missa solene... e o teatro tem muito a ver com tudo isso! Todos pressupondo uma liberdade muito grande para cada um dos atores que se desenvolvem ali.

O espetáculo é a tentativa de organização mais que perfeita das relações que se estabelecem entre o que é público e o que é privado. Entre o que é do espetáculo e o que é do ator. Como é que você equilibra essas relações — o espetáculo tem necessidades, o ator tem necessidades — para produzir uma obra que deverá ser a utopia representada, a possibilidade de o ser humano viver bem em sociedade.

Meu coração, não sei por quê, bate feliz quando te vê... (o encontro do ator com o autor)

A falta de leitura dos grandes textos, das grandes peças da dramaturgia mundial, é muito grande entre os atores. Muitos atores só leram as peças que eles representaram. Não leram mais nada. Têm dificuldade de ler teatro. E quando vão ler um texto, têm uma enorme dificuldade de entender. Minha função é colocar na boca dos atores o sabor do grande teatro debaixo da língua e deixá-lo se espalhar pelo corpo inteiro.

Um autor de teatro escreve sobre seres humanos, sobre a humanidade, suas relações, e estudam sobre essas relações e as transformam em ações, movimento, narrativas, acontecimentos que ganham dimensão na nossa frente.

O ator acompanha os acontecimentos, não os determina.

Outra imagem que eu gosto de usar, porque esclarece bem mesmo (esclarecer: clarear, jogar luz sobre): a peça que o autor escreveu (e isso vale muito para os textos "clássicos" da dramaturgia mundial) é um coco! Cheio de uma água fresca, doce, deliciosa.

Cheio de uma polpa saborosa, carnuda, nutritiva. Aí vem alguns diretores que acham que o coco precisa ser trabalhado e pegam esse coco fechado e enfeitam o coco, botam nele uma peruca linda, pintam uma boca com batom, põem cílios, e o coco fica lindo! Você fica ali um tempo contemplando aquele coco. Mas o melhor dele, que é a água fresca e doce e a polpa carnuda e nutritiva, continua lá dentro, intocado. Eu gosto de abrir o coco e ter a possibilidade de dividir com as pessoas, sorver toda aquela água e depois raspar a polpa e aproveitar o coco inteirinho!

Meu trabalho é de equalizar o saber de todos sobre o material que estamos trabalhando. Todos os meus atores sabem tudo sobre aquela peça. O conhecimento é compartilhado entre todos, cada um dando sua contribuição, sua percepção, seu olhar, e a gente vai desmontando aquele autor e entendendo o discurso por trás daquelas palavras, daquelas ações.

A abordagem de um texto pelo ator deve ser sempre afetiva. Você não chega no primeiro encontro com alguém que você quer conquistar já passando a mão! Você observa, você sorri, diz coisas interessantes, escuta tudo o que a pessoa tem para te dizer, você vai se aproximando até conquistar a pessoa. Fazendo desse jeito não tem como ela não se entregar a você, naturalmente. Com o texto é a mesma coisa. Você vai lendo, vai entendendo. Lê os pontos, lê as vírgulas, lê com atenção no substantivo e no verbo. O substantivo é muito importante pro ator. Ele ajuda o ator a estar. O verbo também é importante. Atuar é agir, é ação. Mas quase sempre o ator quer forçar logo no adjetivo, que é onde ele se sente interpretando. E acaba obscurecendo o assunto da peça para mostrar sua virtuosidade. Eu digo aos meus atores: o ator nunca é melhor que o autor! Não queira ensinar Shakespeare, Sófocles, Molière, Lorca, Brecht,

Pirandello, Nelson Rodrigues como eles devem ser interpretados. Aprenda com eles. Deixem que eles te mostrem como construíram aquela narrativa. Os autores é que montam os textos e nós desmontamos. O autor tem aquele turbilhão dentro dele — "eu vou escrever *Medeia*", "eu vou escrever *Vestido de noiva*" —, ele tem uma turbulência dentro dele e aquilo vai saindo, ele vai escrevendo e fazendo uma montagem do texto. O autor é quem monta a peça colocando as cenas que ele criou na sequência. E aí quase sempre vem o diretor e monta uma ideia em cima daquela que o autor montou, o ator monta um personagem sobre a ideia do diretor, o figurinista monta aquele ator com uma roupa, o cenógrafo monta um cenário para pôr tudo isso e, por fim, vem o iluminador e monta uma luz para iluminar esse bando de montagem uma por cima da outra, e o texto do autor sufocado ali embaixo disso tudo. Por isso é que eu gosto de dizer que nosso trabalho é o de desmontar a peça.

É muito importante entender o discurso do autor. Saber o assunto da peça que ele escreveu. É importante também saber sobre a sociedade e a época que produziram aquele autor e aquele discurso! Quase todos os grandes dramaturgos tiveram as suas companhias próprias: Shakespeare, Molière, Lorca, Brecht... O trabalho deles foi produzido a partir de uma interação com os atores, com a sociedade. Junto com a história. E todos eles escreveram para plateias absolutamente heterogêneas, o que universalizou suas peças. Os grandes clássicos foram feitos para toda a humanidade.

Cada frase da peça contém a peça inteira. Não precisa ensaiar o texto na sequência. Eu posso ir reconstruindo o esqueleto do dinossauro a partir da falangeta. Não precisa ser a partir do crânio! Cada parte contém o todo.

Não existe subtexto! Isso é uma invenção do teatro psicológico, ilusionista, que fode a cabeça do ator. Não tem subtexto. Tudo o que o autor quis dizer ele escreveu! Tá no texto!

"Faça o seu sim que eu faço o meu não!" Essa frase de *Ricardo III*, de Shakespeare eu uso muito com os meus atores. É uma cena da peça em que Ricardo está combinando com o Duque de Buckingham uma representação em que, perante a corte, este irá implorar àquele que assuma o trono e ele negará insistentemente, dando diversas razões para isso. O Duque deverá insistir até que, finalmente, Ricardo ceda e assuma a coroa. E no final dessa cena com o Duque ele diz: "Se você fizer o seu sim tão bem quanto eu vou fazer meu não, nós vamos convencê-los!" Então eu digo sempre aos atores, faz o seu sim que ele faz o não dele e a cena vai dar certinho. Não queira antecipar a reação do outro nem dizer sua fala de um jeito porque você já sabe qual é a resposta. Não queira fazer o não do outro, faça o seu sim e deixa ele fazer o não dele.

Lembrar sempre que você, ator, conhece a peça que você está fazendo. Mas o seu personagem não leu a peça! Ele não sabe o que vai acontecer com ele. Ele vai vivendo a cada cena, do jeito que o autor montou. Então você, ator, não pode antecipar nenhum conhecimento prévio que você tenha, se não você enlouquece, enlouquece o personagem e enlouquece a plateia com essa informação. Tem a história de uma cena de uma peça em que a família está na sala de casa chorando a passagem de um parente querido quando toca a campainha. É o entregador, com flores que alguém havia enviado à família. E o ator que fazia o entregador, que já conhecia aquela cena da peça, quando abrem a porta, está emocionadíssimo, partilhando a dor daquelas pessoas. E a plateia, desorientada, fica se perguntando: "Ué, esse personagem já tinha aparecido? Quem é? Como é que ele sabe que fulano morreu?" E a confusão está formada!

Personagem nervoso, ator calmo! Jogo quente, jogador frio! Quando está lendo um texto, percebe que não entendeu, não passa por cima! Volta e lê novamente. Não avança sem entender. E depois que entender, volta para ler com o entendimento, com o que você aprendeu. Conhecimento é a coisa mais bem-vinda do mundo. Não adianta ir adiante e desprezar conhecimento. A Bíblia é que fala que comer o fruto da árvore do conhecimento leva pro inferno. A gente tem tanto medo do inferno que passa por cima do conhecimento só para não ter que pensar. Ficar na ignorância é um lugar calmo, sossegado, cômodo. Quando nos foi oferecida a maçã do conhecimento, nos foi tirado o paraíso. O paraíso é a burrice!

Na área do saber, a ninfomania é muito bem-vinda. O conhecimento não tem limite. No teatro, então! Eu nunca me dei por satisfeito. Eu sempre me dou por insatisfeito.

Dramaturgia é tudo que não está no texto, mas você só chega pelo texto.

To be or not to be — estar ou não estar (o encontro do ator com o teatro)

O verbo do ator é o verbo estar. Ele deve conjugar primeiro o verbo estar. Ninguém é nada sem antes estar. Estando tudo pode acontecer. Estar é essencial. Ser é a pior coisa. Geralmente o ator quer ser e não conjuga o verbo estar, que é básico da vida, da existência e do teatro. Nada será se não estiver.

Teatro é o ator no espaço. É preciso uma distância necessária entre os atores para fluir vida entre eles! Para ser mais fácil a possibilidade de deslocamento. Para você poder enxergar a bola sendo lançada e poder saber qual o melhor deslocamento para fazer a jogada. Teatro é espaço e relação.

O ator é o *joker* (jogador) do baralho, o curinga, cujo desenho representa um bobo da corte, um artista popular, um ator ancestral e de todos os tempos. O curinga pode estar em qualquer lugar. É uma carta que não tem nenhum valor específico, mas que, colocada entre as outras cartas, no lugar certo, pode valer muito e até ganhar uma jogada! Isso diz muito a respeito do nosso ofício!

O melhor ator é aquele que tem o menor tempo entre o impulso e a realização.

Teatro é liberdade. O pior ator é aquele que não sabe o que fazer com a sua liberdade. Eu digo aos atores: assumam a liberdade! Eu deixo solto. Os atores ficam desesperados: "Não, me diz o que é que eu tenho que fazer! O que é que eu faço?" Eu digo: "Faz o que você quiser!" Eles ficam loucos. Mas ou eles descobrem uma ordem interna deles, possível, verdadeira, ou eles jamais terão alguém falando faz isso, faz aquilo.

Quando eles começam a ter certeza de alguma coisa e fazer tudo no piloto automático, eu vou lá e desarmo eles. Porque a tendência do ator, desde o primeiro dia de ensaio, é fixar. Ele encontra um gesto, fixa. Encontra uma entonação, fixa. Encontra uma voz, fixa. Daqui a pouco ele está prisioneiro de um monte de amarras, preso numa couraça que ele pensa que é personagem mas está, na verdade, perdendo a vida e a liberdade. Personagem não é perda de vida nem de liberdade. Pelo contrário: personagem é li-ber-da-de!

Nessa liberdade, você cria uma linguagem corporal. E descobrimos que há um corpo que é nosso por baixo de cada corpo que a gente constrói. Além da construção do corpo pelos ofícios, existe também um corpo que a ideologia fabrica. E muitas vezes, construímos uma linguagem sobre esse corpo ideológico, em cima do nosso corpo verdadeiro. Então trabalhamos a desconstrução desses corpos ideológicos, para descobrir qual é o corpo com nível possível de liberdade, sem a perda das nossas habilidades — teatrais, circense ou de dança.

Não estamos trabalhando forma. Estamos trabalhando conteúdo. Com isso a gente vai talvez entrar num universo de formas vivas, que tem mais a ver com esses conteúdos. Os conteúdos são aquilo que vai ganhando expressão e se modificando. Você vai ficando cada vez melhor, porque seus conteúdos estão sendo vividos. Então, jamais é um trabalho de forma, de fora para dentro. É processo. Daqui a pouco, você vai ver que conquistou coisas que nem imaginava conquistar. Vai estar senhor de outras possibilidades, sem fixar nada. Cada dia, um dia. Às vezes, a memória é um inimigo do ator, porque o impede de viver a luminosidade do minuto presente. Ele está em cena vivendo o ensaio e, em vez de estar em jogo ele está pensando: "Eu estou aqui, depois vou para ali e depois para lá..." A minha maneira de tentar resolver esse problema é colocar as coisas em fluxo, sempre em movimento. Isso é muito agradável e prazeroso, mas não será vivido sem angústia. Vai chegar um momento em que vocês vão se sentir absolutamente vazios. Vão dizer: "Eu não tenho mais nada para dar!" Mas não saiam, não desistam! É nessa hora que a gente começa a dar. É a hora em que esvaziamos todos os estereótipos e chegamos mais fundo na expressão. No momento que você dá, você começa a ganhar. O que você dá é o que você fica. Como o mito da cornucópia! A cornucópia é o chifre da cabra de Zeus. O deus dos deuses tem, no Olimpo, uma cabra que dá leite para ele. Em épocas de escassez de comida, os gregos cortavam o chifre da cabra de Zeus. Dele saíam frutos e tudo o mais de que precisavam. A cornucópia é infindável. Quanto mais você tira, mais ela dá. Nós, atores, somos cornucópias. Podemos jorrar infinitamente e nunca esvaziar.

Não é o papel que faz o ator, é o ator que faz o papel. Então, obviamente, o ator antecede o papel. O que você vê normalmente no teatro, cada vez que o ator começa a fazer o papel, ele se apaga totalmente. Eu sempre falo para os atores "não, quem entra em cena é o ator, depois vem o personagem, você não pode deixar o ator no camarim e entrar com o personagem em cena", entende? Você tem que trazer o ator, é o ator que chega na frente. Aquela ideia de que não é o papel que define o ator, é o ator que define o papel. O Brecht dizia que os maquinistas de teatro achavam muito engraçado o ator que entra ator no camarim e sai de lá rei!

Existe um teatro que propõe ao ator "concentrar-se" para entrar em cena, negando tudo à sua volta. Faz 10 minutos de ioga e entra em cena e fica com tudo dentro dele. Eu faço igual a jogador de futebol: fica na reserva vendo o jogo. Imagina se o jogador deita na beira do campo e faz um *relax*! Não dá para entrar!

O limite do personagem é o limite do ator. O ator entra em cena com tudo o que ele sabe sobre a peça e sobre a vida. A pessoa do ator testemunhando sobre o seu tempo através de tudo que as pessoas maravilhosas de teatro já escreveram na vida, e também coisas que não escreveram, mas que a gente inventa!

Do nada, tudo acontece. Você é capaz de chorar a morte de uma pessoa que você nunca viu e que nunca viu você. E você é capaz de se jogar sobre o caixão dessa pessoa e fazer uma cena dolorosíssima, enquanto por dentro você tá dando risada, dizendo: "Nossa, como eu tô fazendo bem essa cena!" O Martins Penna dizia que o teatro é igual a viúva rica: por um olho chora e pelo outro repica!

Sermos nós mesmos enquanto somos os outros, enquanto mudamos de cara, enquanto estamos em contato com o desconhecido no nosso interior. Áreas que a gente nunca pensou que fosse visitar, nem sequer sabíamos que existiam. O teatro revela para você esses lugares. Bota em movimento o que estava parado. O teatro mexe com nossos conteúdos humanos mais profundos.

Ator tem que ter autoria, tem que ter discurso, tem que ter opinião. Eu tenho um monte de opinião sobre o mundo, eu me debruço sobre um papel e vou ler aquele papel no foco dessas opiniões que eu tenho. Senão você vai ficar fazendo o que lhe dão! Vai querer pai e mãe sempre e não vai criar a sua identidade. Não pode ser ator sem opinião, não pode ser burocrata. Você vai pegar um papel para ler, que profundidade você vai dar àquilo? Se for fazer uma prostituta, vai pegar logo uma bolsinha? Que humanidade tem? Que questões tua cidadania traz para o teu personagem? É uma questão política escolher como vive nesse mundo! Que crítica você faz às coisas que estão à sua volta. Você pode até não ter nenhuma, mas no teatro você tem que ter, porque o teatro é o lugar do pensar.

Quando os atores que eu tô trabalhando começam a representar, a querer seduzir a plateia com uns truques que têm na manga, quando começam a querer fazer teatro (eu detesto teatro!), eu falo: "Você fala assim com seu namorado? Você gostaria de ser tratado desse jeito como você está tratando a tua plateia? Você quer ser enganada? Você acha que não tem outra maneira de se relacionar com as pessoas?" É uma questão de ética! A ética gera uma estética. Quebrar essa ilusão e entrar em contato direto. E é político também, porque leva em conta a cidadania do ator e de todas as pessoas que estão ali em volta dele. Você respeita o seu espectador e você elimina a extrema verticalidade que faz com que os atores se transformem em santos, monstros sagrados, inatingíveis, inumanos. Você não deve estabelecer uma verticalidade para se salvar individualmente e tentar levar a plateia para sua verticalidade. Se você estabelece um bom nível de horizontalidade com a plateia, a elevação é coletiva. Todos se salvam, não só o pastor. O pastor manipula, parece que ele está salvo e vende a salvação pros pobres coitados que estão lá. O teatro deve colocar a salvação ao alcance de todos. O jovem Buda era de uma família muito rica, aí uma hora ele disse: já conheço todas as virtudes da riqueza, agora eu quero conhecer as virtudes da pobreza. E foi ser mendigo. Mendigou, mendigou, uma hora ele falou: agora eu já sei todas as virtudes da pobreza. Tô pronto pro Nirvana. E se dirigiu para lá. Quando ele olhou para trás, viu que estava sozinho. Ele disse: Nossa! Eu não posso entrar aqui sozinho. Tudo que eu sei eu vou passar para as pessoas, para que possam chegar comigo até aqui! Por isso eu digo: não há salvação individual. Ou nos salvamos todos ou estamos todos fodidos.

Eu peço sempre aos atores durante o processo, que falem sobre o que estão aprendendo, que manifestem suas dúvidas, falem sobre a experiência que estão vivendo. Quando o ator fala, mostra o grau de entendimento, de compreensão do material que ele tá trabalhando, e é mais fácil ele se apropriar daquele discurso. Eu uso muito a imagem do neném, que, depois de mamar, precisa regurgitar um pouco o leite para digerir melhor. O ator também precisa devolver um pouco do saber que adquiriu para processar melhor e metabolizar todas as informações que absorveu.

A comunicação do ator não deve ser vetorial. Quando você se relaciona vetorialmente com outro ator, com a cena, com a plateia, você limita a vida, você exclui o que está em volta. Eu gosto sempre de pensar numa hipérbole. Para chegar no outro, eu passo por um longo caminho que inclui a espacialidade, o texto que está entre os atores, a plateia. Não é reto, é circular, como o tempo.

Saber de cor é saber de coração! É quando o texto para de bater na sua testa e desce pro peito. Você entendeu aquilo como um discurso, se apropriou daquilo. Aí quando desce para a genitália você inclui o seu discurso e o texto puf, explode! A sexualidade é muito importante! Sexo a gente faz no privado, mas sem sexualidade não há teatro!

Eu detesto teatro que tem ator afirmativo, que representa o personagem como se ele não pudesse ser outra coisa. Todos nós podemos ser outra coisa. Eu tenho que representar de uma maneira desarmada, deixar aquilo fluir, correr, e vou indo com a minha inteligência (*inter legere* — ler por dentro) acompanhando aquilo. Eu busco um teatro que está em sintonia com essa realidade cambiante, que muda o tempo todo. Não pode ser afirmativo! Um ator não pode ser afirmativo!

Tudo está em movimento no Universo. Em perpétuo movimento. Nós, atores, estamos em sintonia com esse movimento do Universo. Tudo em permanente modificação.

A vida passa por dentro do ator. Um bom ator fazendo bom teatro, com bom texto, a vida passa em turbilhão por dentro dele se ele estiver aberto, na postura de um ato amoroso. Porque esse é o ofício.

Amar é um verbo incondicional. O teatro também é.

Amo por amar, que é liberdade! Faço teatro por fazer teatro, que é... liberdade!

Olhando pelo telescópio (meu encontro com alguns autores)

William Shakespeare

Quando Shakespeare quer falar de amor, quando ele escreve uma comédia, ele situa num lugar solar, mediterrâneo — Grécia, ou Verona e Veneza, na Itália. Quando ele quer contar histórias trágicas ele situa a trama na Dinamarca, na Escócia. E às vezes ele cria lugares mágicos, como a Ilíria, de *Noite de Reis* e a Ilha de Próspero, de *A tempestade*. Mas onde quer que aconteçam suas peças, Shakespeare escreveu sobre teatro! A maioria das peças dele fala sobre teatro: *Ricardo III*, *Noite de Reis*, *Sonho de uma noite de verão*, *Macbeth* ou *Hamlet*, sempre há uma referência ao teatro, ao disfarce, ao jogo da ilusão.

Em *Hamlet* há duas cenas que são verdadeiras aulas sobre teatro. Na primeira, ele comenta sobre os atores que acabou de ver atuar e, a partir daí, começa a engendrar seu plano para descobrir o assassino do pai. Ele fica impressionado com os atores e sua capacidade de mobilização de afetos — ele diz "já vi criminosos se entregarem depois de ver a cena do crime representada" — e se dá conta de que com a ajuda dos atores ele pode ter certeza do envolvimento do tio na morte do pai. No final da cena, ele diz: "É com o teatro que eu vou agarrar a consciência do rei!" É com o teatro que você penetra no coração do ser humano para atingir a consciência dele. É sempre pelo coração! Você só chega à cabeça do homem pelo coração. Todas as tentativas de se fazer o contrário terminaram no hospício.

A outra cena é quando ele orienta os atores que vão se apresentar para o rei e diz: "Deixem que o bom senso seja seu guia. Ajustem a ação à palavra e a palavra à ação. O intuito do teatro é colocar um espelho diante da vida e mostrar à virtude sua cara." Ora, se o teatro deve ser um espelho da vida, então, quanto mais limpa for a superfície desse espelho, melhor vai refletir a vida. O ator deve apresentar seu personagem com o mínimo de interferência. Ele diz ainda nessa cena: "Há atores que me levam a pensar que foram feitos por um aprendiz de Deus que ainda não sabe fazer homens, tão abominável é a imitação do humano feita por esses atores."

Tem uma peça do Shakespeare que eu nunca montei, mas sempre esteve comigo... *Ricardo III*. Um cara que se declara no início da peça: eu sou feio, sou corcunda, sou coxo, os cães ladram quando eu passo, não tenho nenhuma habilidade amorosa, eu não saberia o que fazer na cama com uma moça bonita, eu sou incapaz com jogos amorosos. Já que eu tenho essa incapacidade de amar eu vou me dedicar a outra área — ao poder! Já que eu não posso amar, eu vou mandar! E se transforma num dos maiores vilões da história do teatro. Um ditador impiedoso, assassino, que extermina tudo pelo poder e termina sem poder nenhum, gritando: "Meu reino por um cavalo!" O poder sem saber, pelo poder, ignorante.

Bertolt Brecht

O Brecht dizia: quando eu não sei o que fazer eu consulto o Velho Bill (que é o Shakespeare). Ele é uma espécie de *I Ching*, um oráculo. Você abre qualquer página ao acaso e lá você encontra a resposta. Pelo Shakespeare eu cheguei no Brecht.

Brecht desenvolveu um teatro épico porque percebeu que o teatro que se fazia era de ilusão, de mentira, era a sedução, o ego, a vaidade do ator. Ele entendeu que um teatro assim atrasa a humanidade. E ele pensou um teatro que fizesse a humanidade avançar. Um teatro épico, narrativo, que não envolvesse o espectador, mas que o desenvolvesse, tirasse o envolvimento e o despertasse para a observação crítica de si mesmo, da sua sociedade. Uma forma de fazer teatro não ilusionista ou dramática, em que o ator desaparece, e sim um teatro narrativo, seja ele épico (aquilo que é dito ao som do tambor), seja ele lírico (aquilo que é dito ao som da lira), e que respeite a inteligência do espectador e não tente enganá-lo com sedução e mentiras. Que destrava a inteligência do espectador (e dos atores) e procura as ações para não ficar só no dramático, no drama.

Tem uma peça do Brecht que eu nunca montei, mas sempre esteve comigo... *Galileu Galilei*. Quando Galileu pede aos sábios da corte dos Médicis que olhem pelo telescópio para que comprovem a existência das até então desconhecidas luas de Júpiter, eles se recusam. Porque, segundo o pensamento aristotélico, elas não eram nem possíveis nem necessárias, então elas não existiam. Era a maneira que tinham para provar que uma hipótese merecia ser vista. Mas acontece que o cientista estava de posse de um instrumento que tornava imediatamente obsoleto qualquer raciocínio sobre hipóteses, já que permitia ao observador ter uma visão clara, direta, iniludível do fato. Mas eles se recusavam a olhar. No final da cena Galileu diz: "Bastava que os senhores tivessem olhado pelo telescópio." A coisa que eu mais peço aos meus atores é: "Olhem pelo telescópio, prestem atenção, para você refazer uma trajetória humana, um pensamento de uma maneira dramática, lúdica e interessante, você não pode deixar de usar todos os recursos à sua frente para ver a realidade. Coisas que você não estaria vendo, mas se você tem um telescópio você pode ver!" O que você mais vê por aí é ator em voo cego!

Galileu era um homem que sabia muita coisa! Ao contrário do Ricardo III, que não sabia nada e tinha poder. Galileu não tinha nenhum poder! Estava proibido de falar sobre o que sabia. "O que eu sei eu não posso calar!", dizia ele. Eu, a partir desses dois textos, comecei a refletir sobre a minha situação: o saber sem poder, que era o que eu estava vivendo, e o poder sem saber, que era o que o país estava vivendo.

Foram essas duas peças que me levaram no fim da década de 1970 a refletir sobre a estrutura hierárquica, as relações de poder que se estabeleciam no teatro convencional que se fazia e para o qual eu trabalhava. Entender os conteúdos ideológicos que sustentavam essa forma muito sólida de hierarquia, de poder, de produção, me fez querer abandonar isso. Eu quis desmontar isso e fazer um outro caminho.

Esse caminho me conduziu a uma dramaturgia que tivesse sido criada sobre uma ética em que eu me reconhecesse, possível para mim. Eu fui cada vez mais me distanciando do Atlântico Norte, nórdico, viking, protestante e me interessando pela produção cultural mediterrânea, ibérica, ameríndia, africana, que diz respeito à nossa formação, à nossa identidade brasileira: os espanhóis, tanto os do Século de Ouro — Lope de Vega, Cervantes, Calderón de la Barca — quanto Lorca, os italianos Goldoni, Pirandello, ou Giordano Bruno, o francês Molière, ou os gregos Sófocles, Eurípedes, Aristófanes...

Gregos

Uma coisa muito chata quando você vai ver uma tragédia grega, é o ator que fala aqueles textos cheios de informações sobre os mitos gregos, que para a nossa plateia são palavras soltas, não ressoam dentro da gente. Para a plateia grega os atores se comunicavam muito bem, mas para nós o ator tem que arrebentar no protagonista, o coro dançar muito, e as palavras vão sendo abandonadas, porque elas não conseguem comunicar o que os autores gregos comunicavam para a plateia grega.

Quando eu dirigi *Antígona*, de uma coisa eu tinha certeza: por ser um texto grego, do apogeu do teatro grego, ele era carregadíssimo de informações necessárias que a plateia grega dispunha para poder entender o texto.

A primeira coisa que eu fiz foi levantar todas as informações que estavam no texto, e que eram corriqueiras para a plateia grega e absolutamente misteriosas para nós.

Quando você faz *O auto da Compadecida*, qualquer coisa que aqueles personagens falam a nossa plateia reconhece, sabe do que se trata. Mas quando você faz uma peça grega, todas aquelas informações fazem parte do imaginário grego, não são criações dos autores. Os autores pegam aquelas informações e contam a história, mas tudo aquilo faz parte do imaginário daquele povo.

Pois bem, nós levantamos essas informações e pusemos nas paredes do teatro tudo que fazia parte do imaginário grego. E aí podíamos contar a história melhor.

E as tragédias gregas são tão legais, cheias de acontecimentos, gente, guerras, sofrimentos, paixões, ameaças, medo, famílias se separando, castigos de deuses, são histórias cheias de coisas acontecendo o tempo todo. Não é uma tragédia grega, são histórias palpáveis que deixam a plateia extasiada.

É como a *Paixão de Cristo*. Todo ano, todo mundo vai ver a encenação e se emociona com a história que já estão cansados de conhecer. Sabem que o Cristo vai ser crucificado no final, mas mesmo assim adoram acompanhar a história. Com os gregos é a mesma coisa. Eles já conheciam as histórias, mas adoravam acompanhar as sinas de seus personagens.

Estabelece imediata intimidade com a plateia. Tudo isso que os atores estão contando eles sabem, como na paixão de Cristo, que todo mundo conhece passo a passo essa história. Se você mudar alguma coisa, eles chiam.

Os gregos também têm a *Paixão* deles: *As bacantes*, que é vida, paixão e morte de Dioniso. A peça conta a história do Dioniso, filho de Deus com uma mortal, como Jesus, que se apresenta aos humanos com cara e forma de homem para falar com os humanos, nascido do amor de uma comum mortal (Maria/ Sêmele) com um Deus (o Espírito Santo/ Zeus) e não é reconhecido como tal, porque ninguém acredita nele.

Nunca dirigi uma montagem clássica de um texto grego, mas uso muito estes textos nas minhas aulas: o prólogo das *Bacantes*, de Eurípedes, a parábase de *As vespas*, de Aristófanes, diálogos de *Antígona* e de *Édipo Rei*, de Sófocles. Tive a oportunidade de fazer *Édipo* como ator, interpretando Tirésias. Lembro-me de uma coisa forte que me ficou dessa história foi: o Édipo é rei, tem os dois olhos e não enxerga. E o Tirésias é um filósofo, filho de um pastor, é cego e vê tudo! Como Lear, que apesar de ser rei usa seu poder sem nenhuma sabedoria, enquanto o Bobo da Corte, artista de rua, vive lhe dando sábios conselhos.

Outra cena muito forte em *Édipo* é a da estrada em que Édipo e Laio se encontram. Eles não sabem quem são um e outro. Um é um príncipe, o outro é um rei, cada um acha que o outro é que deve dar passagem. E nesse confronto entre pai e filho, Laio acaba por dar uma bofetada em Édipo e, este, furioso mata Laio e toda a guarda que o acompanha. Ao chegar em Tebas, Édipo encontra a rainha viúva porque seu marido foi assassinado por assaltantes na estrada, ela se encanta com aquele jovem bonito e poderoso e se casam. Enredo de novela dos bons! Os gregos sabiam a história do cara que matou o pai e casou com a mãe e iam lá ver essa história.

Tá tudo lá nos gregos. Todos bebemos nos gregos. Shakespeare foi nos gregos. As histórias não são originais. Shakespeare recontou muitas histórias. Originalidade não é o forte desses grandes autores, mas a maneira como contam essas histórias tão conhecidas, aí está o valor deles.

Jean-Baptiste Molière

Molière saiu de Paris para fugir de credores a quem devia muito, ficou 15 anos percorrendo a Europa, e eu acho que foi aí que se desenvolveu quem a gente sabe que foi o Molière. Andou por ali em contato com todo mundo e encontrou, inevitavelmente, os atores da *commedia dell'arte* que também andavam soltos pelo meio da rua, não ficavam presos a nenhum teatro, nenhuma corte, nada! Os atores itinerantes, abertos, das ruas. Ele passou 15 anos encontrando muito teatro. Eu fico imaginando que devia ter muita gente fazendo teatro, andando para cima e para baixo, as carroças com seus atores, seus grupos. Os atores não podiam ficar só na corte. E ficar num teatro, sediado por uma companhia permanente, também não era uma realidade da época. Deviam andar muito. Os atores sempre são itinerantes pela própria natureza. O ator não tem lugar, não pode fixar um lugar de moradia e ficar parado naquele lugar como um burguês, que mora na cidade. O ator não tem sede. Eles caminham. E esses atores aí cumpriam o destino deles. De nômades, andarilhos, sem pátria, sem porto.

Molière devia ter uma vida muito aventurosa, numa Europa ainda não formada. Foi provavelmente nessa caminhada que ele foi juntando seus atores, sua gente. Quinze anos andando...

Isso tudo eu estou supondo que se deu assim. Deve ter muito mais coisas sobre ele que a gente poderia saber nas bibliotecas da França, muitos arquivos... Mas basta imaginar os atores soltos no mundo lutando pela sobrevivência. O que interessa para a gente é essa coisa ambulante do ator que não pertence a nenhum lugar. Isso é forte e importante pro ator. Isso mudou muito quando os atores começaram a pertencer a uma cidade, a um grupo, a um teatro, ter endereço fixo, ter uma vida burguesa, organizaram a vida deles em função da sociedade em que eles estão vivendo e esse caráter marginal foi se perdendo. A má fama dos atores deve vir muito daí, desse jeito livre de levar a vida. E a tentativa deles de se enquadrar num padrão de comportamento estabelecido vem da necessidade de garantir um reconhecimento melhor sobre eles, para não acharem que eles são maus-caracteres, sem dignidade, sem moral, marginais. A dignidade não é uma coisa que acompanha o ator o tempo todo, pelo contrário, estamos em busca da indignidade perdida. Os atores eram muito mais livres quando eram indignos. E eles lutaram tanto por essa dignidade que acabaram se transformando nesse modelo de ator que nós conhecemos. E quando eles vão representar, representam com os valores do grupo social que deu dignidade a eles, e eles querem ser iguais para merecer a dignidade da plateia, então formou um tipo de ator.

Você não pode fazer teatro com a dignidade do grupo social em que você vive. Não pode ser digno das pessoas que estão te olhando. Nem elas querem isso! Elas querem ver os atores com a indignidade. O ator indigno revela o mundo, mostra coisas. Sendo digno, você só mostra o que pode ser mostrado.

Trabalhei muito na vida para recuperar minha indignidade perdida. Não estou em nenhum momento procurando a dignidade nem levando minha dignidade de artista para a plateia inculta que está me vendo. Isso é a pior coisa que pode acontecer. Não fui para a rua para levar cultura pro povo, para melhorar o nível intelectual da plateia, numa atitude superior. Nunca fui levar a salvação, nunca fui messiânico. Nunca achei que aquelas pessoas que estão à minha volta são uma massa ignara, sem conhecimento, e tudo que eu botar lá vai preencher o vazio que é a alma deles. Sei que uma pessoa que assiste a teatro vê uma coisa interessante, ela se transforma, cresce, põe a vida em movimento. Nunca achei que o espectador fosse um saco vazio que eu precisasse encher de coisas. Pelo contrário, eu achava que tinha muito a receber, como de fato recebi da plateia, a vida inteira. Em 40 anos de rua não foi pouca a troca que se estabeleceu entre meu grupo e os espectadores.

Eu já contei essa história milhares de vezes: uma epifania, uma revelação que eu tive trabalhando na rua. Num momento de uma apresentação qualquer do Grupo Tá Na Rua eu levantei os braços e falei qualquer coisa, olhei pra frente e tinha um espectador que me olhou e riu pra mim. Não tinha um dente na frente da boca, mas ele riu para mim e eu ri para ele. E aquilo foi uma experiência muito forte, se estabeleceu uma conexão entre nós que transcendeu aquele momento. Eu senti na carne a ancestralidade daquele momento. Ele tá me reconhecendo e eu reconhecendo ele de muitas vezes que nos encontramos em muitos lugares, em várias praças do mundo inteiro, esse gesto, esse acontecimento, esse cidadão ali no meio da praça fazendo uma loucura, gritando, e o outro na frente olhando, sorrindo sem um dente, ambos vivendo aquela experiência. Só aí que eu entendi essa ancestralidade. Não adianta falar "o teatro nasceu na Grécia, os autores trágicos, os autores cômicos, depois foi para Roma..." você contar a história do teatro assim é mais ou menos contar a história da dramaturgia, e mal contada, você não sabe direito. Mas quando você tem um encontro dessa natureza, o que te invade é a memória coletiva da humanidade. Eu não sou só a minha memória. E esse cidadão também não é só a memória dele. Nós dois juntos somos a memória do ser humano no planeta. Cada um de nós é isso. Todos nós somos isso. É que por circunstâncias de vida, de necessidades, nós não entramos em contato com isso. Mas todos nós temos isso dentro de nós. Isso é importante saber. Quando um ator entra em cena, entra com ele toda a história do homem. Você pode viver um momento de eternidade!

Vejam onde Molière me trouxe! Ele me acompanha o tempo todo. Até Prêmio Molière eu já ganhei! Mas não foi por uma peça dele. Dele, eu dirigi *O avarento* e dirigi, a partir de uma oficina que dei, um espetáculo chamado *Escola de Molières*, em que eu juntei 28 atores, era uma trupe de teatro ensaiando um espetáculo, com base no *Improviso de Versailles*, de Molière, mas onde nós encenávamos trechos de várias peças dele. Era um espetáculo sobre o ator brasileiro e essa tentativa desesperada de sobreviver de sua arte. Da França vamos à Espanha, parte de nossas raízes ibéricas.

Federico García Lorca

Lorca, assim como Molière, também rendeu uma bela oficina com atores, que me levaram à montagem de *Bodas de sangue*. A Espanha é um país caracteristicamente sensual, onde toureiros e bailarinos de flamenco, movimentam seus corpos intensamente. Um país colorido como as obras de Picasso e Gaudí, país quente, dolente, sanguineamente arrebatador. Essa Espanha produziu uma dramaturgia poderosa no século XVII, o chamado Século de Ouro espanhol, em que autores como Cervantes, Lope de Vega, Calderón de la Barca eram encenados por companhias populares formadas para levar o teatro a toda a Espanha. Claro que existia o teatro das cortes, mas homens e mulheres apaixonados pelo teatro montaram companhias ambulantes e em espaços improvisados, chamados de *corrales*,[1] e a febre teatral invadiu a Espanha.

Lorca herdou essa tradição e, assim como Molière, também tinha sua trupe ambulante, seu grupo, La Barraca, que mambembava pela Espanha, chegando nos povoados e apresentando suas histórias e recolhendo outras provavelmente para contar numa próxima viagem. Foi assim que Lorca conheceu a alma do povo espanhol e pôde dar voz àqueles que não tinham voz — as mulheres, os camponeses, os velhos, os artistas, as crianças, o povo cigano, criando em cada peça um retrato de sua gente, de seu país, de suas necessidades e mazelas, da hipocrisia daquela sociedade, que em nome da religião levavam a intolerância às últimas consequências. Por também ser poeta e músico, Lorca povoou suas peças de canções e textos poéticos que se misturavam à sua prosa e davam dimensão épica às suas histórias. Um cabedal para os atores se fartarem.

O Lorca dizia que você pode sentir a saúde de um país pelo teatro que ele está fazendo. Um país que não tem um bom teatro é um país que está morrendo. E ele fazia o bom teatro dele para manter a Espanha viva, porque sabia o que estava por vir. Depois que ele foi fuzilado pelas tropas de Franco, o teatro na Espanha desapareceu e se tornou o que o franquismo fez dele.

Outro que foi morto pela intolerância, mas na Itália, foi Giordano Bruno, que, poucos sabem, além de filósofo, astrônomo e matemático foi também um belo autor de teatro. Por isso, aos espanhóis seguem-se os italianos.

Luigi Pirandello

Em 1995, fui convidado pela CAL para dirigir um espetáculo de formatura. Eu gostava de dirigir essas práticas e estar em contato com esses atores em formação. Já havia dirigido com sucesso duas montagens — *Se correr o bicho pega, se ficar o bicho come*, de Vianninha e Ferreira Gullar, e *O mambembe*, de Artur Azevedo — ambas ficaram muito tempo em cartaz, com enorme sucesso mesmo fora da escola. Eu via nessas montagens uma oportunidade de falar para esses jovens atores sobre o teatro como eu acredito. Por isso escolhi mais uma vez um texto que era sobre o ofício, sobre o próprio fazer teatral. Dessa vez foi *Esta noite se improvisa*, de Pirandello, que é um autor que escreveu sobre teatro, sobre atores. Ele achava os atores muito loucos. Não sabem o que é realidade. *Seis personagens à procura de um autor* e *Essa noite se improvisa* são sobre esse universo. Ele ficava curioso para saber quem era essa gente. Eles são o que eles são, eles são o que aparentam, o que a gente acha que eles são, quem é essa gente? E ele escrevia para teatro. Escrever peça é escrever personagens. Se não tiver um ator para representar meus personagens, eles nunca vão ter vida. Ele gosta de gente que vira outra gente. O ser humano não é uma coisa só! Outro autor italiano apaixonado pelos atores foi...

Carlo Goldoni

Goldoni era um autor italiano do século XVIII, apaixonado pelos atores da *commedia dell'arte*. Os atores da *commedia dell'arte* nunca tiveram um teatro. Eram atores mambembes. Depois de 250 anos de sobrevivência nas estradas, já em franca decadência, os atores se repetindo, um teatro já sem força, eles começam a ser recolhidos das ruas para trabalhar nas salas de teatro fechadas da burguesia protestante que começava a ascender. Goldoni é um desses autores que trazem esses atores pro teatro. Ele escreveu muitas peças para esses atores. Ele tem uma peça chamada *O teatro cômico*, que é sobre esse momento em que os atores da *commedia dell'arte* são recolhidos das ruas para trabalhar nos espaços fechados. Essa peça conta, justamente, a história de um diretor de teatro apaixonado pelos atores da *commedia dell'arte* que está montando uma peça num teatro fechado com os atores das companhias que recolheu na rua. E ele tem uma dificuldade enorme de explicar para os atores esse "novo ofício". Porque esses atores mascarados trabalhavam nas ruas, em espaços abertos, falavam em versos, improvisavam histórias de acordo com os acontecimentos recentes e mais importantes de cada cidade onde paravam com suas carroças. Era um texto poético no qual aquela sociedade ascendente burguesa capitalista não se via mais refletida. E agora era necessário tirar as máscaras e dizer decorado um texto mais prosódico, que desse conta do pragmatismo da burguesia. O Arlequim, por exemplo, num momento do ensaio começa a falar seu texto para a plateia e o diretor o interrompe: "Não, Arlequim! Isso você não pode mais fazer, falar com a plateia, porque aquela gente que vai estar sentada ali não quer ser incomodada!" E o Arlequim pergunta ao diretor: "Então como é que eu faço?!" E o diretor responde: "Imagina que tem uma quarta parede aqui na tua frente." Acho que é a primeira vez que o termo "quarta parede" aparece na história do teatro. E o Arlequim pergunta: "Mas e se eu precisar fazer um aparte como é que eu faço?", "Você põe a mão em concha na lateral da boca e diz o texto pro lado."

A cena em que o diretor entrega o texto que Pantaleão tem que falar é pateticamente comovente e trágica. O Pantaleão é o ator mais velho da Companhia, 80 anos de teatro. O diretor fala para ele: "Aqui está seu texto!" Atônito, ele pergunta: "Como assim, meu texto? Eu sei exatamente o que eu tenho que dizer. Eu passei a minha vida toda dizendo meu texto, eu sei o que eu devo falar!" E o diretor diz: "Mas agora você vai ter que falar esse texto aqui!" Muito doloroso ver os atores livres da *commedia dell'arte* terem de se enquadrar numa dramaturgia, numa sala fechada, sem se comunicar com a plateia, tirando deles a fantasia e a liberdade! *Mirandolina*, que é o próximo texto escrito por Goldoni, já é, na minha opinião, e na de alguns especialistas, o primeiro texto do realismo burguês no teatro. Nele, a Colombina deixa de ser uma empregada e vira a dona de uma pensão. O Arlequim é o marido dela. Nas ruas, eles eram apenas personagens. No teatro eles passam a ter uma profissão.

Giordano Bruno

Giordano Bruno, que viveu entre 1540 e 1600, com certeza viu os atores *da commedia dell'arte* representarem. Foi com esse espírito que escreveu seu texto mais conhecido. Quando fui apresentado à sua peça *O castiçal*, imediatamente me apaixonei pela maneira como ela mexe com ética e moralidade. Um clássico católico-mediterrâneo, em que o autor nos revela as contradições das elites enquanto nos conta as tramoias e os golpes que moradores de um bairro popular (quase uma favela, como as nossas) armam em cima de seus vizinhos burgueses para sobreviver. O tom é típico da *commedia dell'arte*, mas sem a máscara ou os personagens tradicionais.

O texto toca fundo na questão da hipocrisia social, mostrando um bando de marginais napolitanos que passam os dias inventando golpes para extorquir dinheiro de cidadãos honrados e endinheirados, tão comprometidos com a malandragem, a desonestidade e a imoralidade quanto aqueles de baixa estratificação social e de nenhum poder aquisitivo.

Três senhores representam a ambição, o orgulho e o desejo: Bartolomeu, que quer fazer ouro em casa e é enganado por falsos alquimistas que lhe roubam tudo; Manfúrio, um pedante professor erudito que só fala em latim, ignora a sabedoria popular e sofre o tempo todo com sua empáfia, sendo sacaneado pelos malandros até o fim da peça; e Bonifácio, comerciante, fabricante de velas, homossexual (talvez o primeiro da dramaturgia mundial!) que se casa, um ano depois fica impotente e passa a sentir desejo por uma cortesã, achando que com ela vai firmar sua sexualidade. É desse personagem que sai o título da peça, *O castiçal*, que é o lugar onde se enfia a vela.

Apesar de transgredirem o tempo todo e usarem uma linguagem popular, quase obscena, os personagens, os malandros dessa favela napolitana, são impregnados de religiosidade, como o povo brasileiro. Giordano Bruno era padre da Igreja Católica. Coloquei um são Sebastião bem à frente do cenário. Me encantei de cara com aquela história de uma comunidade pobre napolitana do ocaso do Renascimento em contraste muito claro com o Brasil do século XXI — identidade poderosa entre as culturas brasileira e italiana. Por isso, em seguido aos italianos vêm os brasileiros, encerrando minhas palavras sobre dramaturgia.

Brasil

Eu acho que o teatro brasileiro tem determinados padrões. O que que é aceito, o que todo mundo reverencia... E muitas vezes com total justiça. "Aquilo é sagrado." Então Nelson Rodrigues é sagrado. Oduvaldo Vianna Filho não é sagrado, devia ser, mas é respeitado. É o teatro do Oduvaldo Vianna Filho. É o teatro do Dias Gomes. Gianfrancesco Guarnieri tem o seu teatro. Fez *Gimba*, fez *Eles não usam black-tie*, botou a língua do povo, botou a cozinha em cena. Todos eles têm o seu teatro. Aí vem o Wilson Sayão, que não é nada de nenhum deles. Se você perguntar se é Nelson Rodrigues, não é. É Oduvaldo Vianna Filho? Não é. É Dias Gomes? Longe... É Guarnieri? Não tem nada a ver. Ele é outro lugar, em todos os sentidos. Mas, principalmente, porque ele mete o dedo no drama, na tragédia, na ferida da classe média. Na infelicidade do cidadão de classe média. Que acha que está bem porque tem casa, tem automóvel, tem sofá... Mas ele vai lá dentro, no mal-estar deles, na convivência, na dificuldade, em querer ir ver o show da Maria Bethânia ou ficar em casa. Ele vai direto na classe média sem nenhum pudor. E a classe média, que não parecia ser um lugar interessante para a discussão, fica um lugar de tragédia, fica um lugar de dramas profundos, tamanha a humanidade. Não faz o subúrbio do Rio de Janeiro, não faz o povo, o operário, o camponês, nem nada. Ele faz essa gente que mora aqui no apartamento do lado em Copacabana, onde ele mora. Ele faz essa coisa surpreendente, puxa para fora o drama dessa gente. Ainda mais porque ele não escreve diálogos realistas, ele tem uma linguagem poética. O diálogo dele é poético. É uma elaboração de fala, de gramática, de palavras muito grande. Ele não é acessível para a estupidez da inteligência brasileira.

A tragédia e a comédia brasileiras são riquíssimas! Mas elas não estão presentes nos textos que os autores de hoje escrevem. Eles não sabem — ou não querem usar — esse manancial poderoso que é a história do Brasil. A dimensão social, antropológica, histórica da realidade brasileira. Autores como Vianinha, Dias Gomes, Wilson Sayão, Nelson Rodrigues, cada um a sua maneira, escreveram sobre a tragédia e a comédia brasileiras. Mas depois deles tem sido mais fácil achar material para boa dramaturgia na literatura. Eu tenho feito muitos espetáculos cuja base dramatúrgica é originalmente literatura: *A alma imoral, Riobaldo, A mulher de Bath, Simplesmente eu, Clarice Lispector*, para citar alguns.

O teatro está morto! Viva o teatro!

O ser humano matou o teatro e nós continuamos agindo como se ele estivesse vivo. É preciso acertar a morte do teatro, para saber o que é o teatro! Para haver o renascimento do teatro.

O teatro nasce na Grécia, onde o teatro se fez! Na Grécia mesmo, ele morre! O Nietzsche diz que o que matou o teatro na Grécia foi o Apolo. Eles quiseram idealizar o teatro, "mataram" o Dioniso e colocaram tudo nas mãos de Apolo. Um espetáculo não pode dar certeza absoluta a ninguém! O teatro que dá essa certeza apolínea está parado no tempo dele, está morto! O espetáculo tem um nível de risco que é muito interessante! Teatro é possibilidade! O ideograma japonês para teatro é a palavra possibilidade. Quando você diz no Japão que está indo ao teatro, você está indo ver uma possibilidade! O excesso de controle, de luminosidade, tudo posto lá no alto, tiraram do teatro o mistério, a profundidade, o imponderável de Dioniso. Apolo é um deus das alturas e Dioniso, das profundezas. Tanto que na Idade Média ele é visto como sátiro, com pé de bode, como o diabo! Dioniso nunca subiu ao Olimpo. Ele é um bastardo. É o nosso patrono! O deus do mistério, daquilo que você não sabe explicar, mas se manifesta o tempo todo.

Aí, depois da Grécia já é pós-teatro. Vai assim até a Idade Média, com os mistérios.[2] Na Idade Média, o teatro morre novamente e renasce outra vez na Inglaterra com o nome de Shakespeare. Aí o teatro vive de Shakespeare até Brecht e morre de novo depois de Brecht. Brecht determina a morte do teatro. Desde então nós ficamos fingindo que fazemos teatro, carregando esse cadáver! Tudo que a gente tem feito depois de Brecht é pós-teatro. Desta sobrevivência, que teatro poderá renascer? Eu trabalho para recuperar essa possibilidade de um teatro vivo. Me recuso a vestir qualquer figurino deste teatro morto.

Eu falo muito da síndrome de Carmen Miranda: a Carmen Miranda morreu nos Estados Unidos e o corpo dela veio pro Brasil. A gente tá acostumado com enterro, aquele cheiro de flor, aquelas pessoas pálidas, quem tem dentadura tira a dentadura... de repente chega a Carmen, morta, linda! Americano embalsama maquiada, e ela chegou deitada no caixão, parecia que tava dormindo na primeira classe. Eu me perguntava: ela tá viva? Ela tá morta? Tá morta, claro, mas tão bonita...! Existe um teatro que me lembra a Carmen Miranda: um cadáver maquiado. Quando a gente se compraz com a morte, significa que muita coisa em nós está morta! Significa um problema social até, uma plateia que se alimenta da morte. Por que é que eu vou matar aquilo que me dá vida? Um espetáculo vivo te faz crescer, é uma máquina de aperfeiçoamento moral, te ensina a se ver de uma maneira diferente, é desenvolvimento. A gente tem que se comprazer com a vida em movimento, não com a morte!

Nós, que escolhemos fazer teatro, essa profissão em que você se põe diante de outro ser humano dizendo tudo o que você pensa, sente, sabe sobre o mundo, se expressando, desenvolvendo seu discurso, nós queremos vida! A Mae West dizia: "Eu não quero homens na minha vida, eu quero vida nos meus homens!" Eu digo: "Eu não quero teatro na minha vida, eu quero vida no meu teatro!"

Epifanias...

O teatro é uma mentira construída com os tijolos da verdade.

Teatro se faz com nossos melhores sentimentos.

O teatro é a arte do genérico.
É o teatro que organiza a vida.

O teatro é filho da história, não da ideologia.

Teatro é magia sem mistério!

Teatro é UTOPIA representada!

O teatro salva!

Na carícia de um beijo...

SÓ O TEATRO SALVA! Acho que todo mundo devia fazer teatro. Teatro faz bem à saúde, regenera, salva, recupera. Ser artista é uma possibilidade do ser humano sem restrição de nenhuma espécie. É uma possibilidade de você ir ao encontro de você mesmo, da sua livre expressão, da sua vida, da sua fisicalidade. Você caminhar na direção da sua expressão teatral é caminhar em direção a você mesmo. O teatro, para mim, sempre foi uma fonte de recuperação de saúde mental e física.

A possibilidade de saúde da organização social em que estamos inseridos depende muito da possibilidade expressiva do ser humano e faz parte da sua natureza, não foi inventado por nenhum intelectual esclarecido e genial. A capacidade expressiva, lúdica e inteligente manifesta-se naturalmente em todos nós. Todos temos luz. Temos que buscá-la, mas é um dom da natureza humana. Nosso lado divino. Essa luz vem com o conhecimento; e este através do exercício da sensibilidade.

A esperança é a penúltima que morre! Depois dela morre o ator, o teatro. O ator é a personificação da utopia, da esperança, da crença de que as coisas podem ser melhores, podem dar certo! Não há como fazer teatro sem esperança. Ela morre, no dia seguinte morre o teatro. Por isso que eu acredito que uma forma de fazer as coisas avançarem é fazendo teatro, porque ele é o alimentador da esperança, a possibilidade de que as coisas se transformem, avancem, possam ser de outro jeito. Acredito demais no teatro como restaurador da esperança. É onde o teatro repousa. Morta a esperança, está morto o teatro.

Eu fui desaprendendo ao longo da vida. Você precisa abandonar o teatro para saber o que é isso: o teatro. Se você já tem uma ideia na cabeça do que é teatro, você nunca vai saber o que é teatro. Abandona o teatro, puxa o tapete do teatro e vai tentar representar uma cena que você vai saber fazer. É o ator que inventa o teatro. Não é o teatro que inventa o ator.

É através do homem vivo que o teatro indaga sobre o homem vivo. O pintor, nas telas e nas tintas; o músico, nas partituras e nos instrumentos; o escultor, no espaço e na forma. O ator, em si mesmo. No centro do teatro está o ser humano, não a sua projeção. Não os seus símbolos, mas ele mesmo. O homem vivo, gerando seus sinais. Criador e Criatura, o homem no teatro é o deus, o sacerdote e a vítima do sacrifício. É ele, em busca de si mesmo, descobrindo e integrando em si sua própria natureza. Sendo o homem a própria razão de ser do teatro, e o ator seu executante, fica claro que o ator, ser humano, tem que se preparar para a tarefa de representar a si mesmo. Para isso, é preciso que todas as suas potencialidades de ser humano sejam desenvolvidas. Para se conhecer em cada tempo. Em cada espaço. Ele não representa o que sente, mas sente o que representa.

Cada vez que um ator entra em cena, ele está inventando o teatro. Toda a história do teatro entra em cena com ele. Do primeiro homem das cavernas até o último ator. Tudo isso está ali porque ele é o ser humano que faz a síntese dessa história. O teatro é uma coisa maravilhosa! Você não precisa fazer teatro para fazer teatro. Por isso que eu falo: tira a arquitetura do teatro, tira a literatura da dramaturgia, tira o papel do ator, tira o teatro de todos os lugares e coloca um ser humano ali, em qualquer lugar, se apresentando para outro ser humano, representando, se manifestando, apresentando seu discurso, aí, se você quiser dar um nome a isso, você pode chamar de TEATRO.

NOTAS

1. Os *corrales de comedia* — literalmente, pátios teatrais — são típicos teatros a céu aberto da Espanha.

2. Teatro medieval religioso que surge no século XII e cujos temas eram extraídos das Sagradas Escrituras (Antigo e Novo Testamentos), transmitindo assim, de forma acessível, a história e os dogmas da religião ao povo.

3. ARTE PÚBLICA

por Amir Haddad

Organizado por Claudio Mendes
e Gustavo Gasparani

Pública

s.f. Do grego *Publike* — que depende do Estado; que pode ser utilizado por todos; conhecido por todos. Usos: Utilidade pública; entidade pública; força pública; personalidade pública.

Temos a arte para não morrer da verdade.

FRIEDERICH NIETZSCHE

Introibo ad altare Dei

A arte sempre foi — e será — a manifestação de um sentimento de partilha de nossa subjetividade com o mundo à nossa volta. Mesmo quando absolutamente sozinhos criamos alguma coisa, nunca o fazemos para nosso único e próprio uso ou partilha. Ao contrário, tudo que nossa sensibilidade produz tem a finalidade única e primordial de atingir o outro. Mesmo quando na solidão de sua caverna o homem primitivo desenhava um bisão ou uma ave em movimento, ele o fazia na certeza e na esperança de que outro homem igual a ele iria ver sua obra e dela tirar alguma forma de proveito. A arte é produto de nossa imperiosa necessidade de comunicação com o mundo exterior. Todos os sinais que emitimos são dirigidos, direta ou indiretamente, a outros. A arte é obra de natureza pública. É produção da cultura de um povo, em qualquer estado de evolução, é feita para ser imediatamente compartilhada com o mundo onde essa cultura se desenvolve, pelos cidadãos que a produzem e dela fazem parte. Para ser doada. Igual ao sangue. A arte faz parte do sangue de doação universal. E os artistas são os remanescentes da tribo original de doadores universais. Os primeiros seres humanos, os primitivos, tinham todos o sangue O positivo, que é o doador universal. Uma metáfora da ancestralidade da entrega e da criação. Só depois com a complexidade da vida é que o sangue, pelo tipo de alimentação, pela maneira de viver sedentária, pelas mudanças climáticas e geográficas, foi criando essa diversidade que hoje conhecemos. E hoje eu não posso doar meu sangue porque o sangue do outro não é compatível com o meu, mas no começo o nosso sangue era compatível com o de todos os seres humanos. O ser humano na sua origem é doador universal. E na sua produção artística o ser humano é também doador universal.

A manifestação artística só foi privatizada no início dos tempos modernos, a partir do fim da Idade Média e do início do Renascimento, sendo privatizado completamente a partir da ascensão da burguesia mercantilista ao poder. Uma classe intermediária de atravessadores que fazia a ponte entre os produtores de bens e o mercado. Os bens produzidos pela gleba, pelo povo, eram vendidos no entorno dos palácios feudais, formando núcleos chamados de burgos, que viriam constituir mais tarde as cidades modernas, conforme nós conhecemos hoje. A arte foi o último desses bens de natureza pública, feitos para todos, a ser privatizada. Antes disso, nobres e burgueses esclarecidos se transformavam em mecenas capazes de patrocinar essas atividades de extrema importância para os seres humanos, mas cujos produtores não tinham condições de sobreviver dela, pois eram produtos que não se vendiam.

Com a ascensão da burguesia e o estabelecimento dos procedimentos que levariam à construção da sociedade capitalista, desaparece a instituição do mecenato, que não teria mesmo condição de sobreviver aos novos tempos, e os artistas passariam a sobreviver da venda de suas obras a quem as quisesse comprar. O desenvolvimento da sociedade capitalista, feito pela burguesia protestante, acabou transformando nossa atividade pública em privada, e tudo o que fazemos com nossa sensibilidade criadora, embora mantenha o mesmo sentido de generosidade e doação em sua origem, já não é mais oferecido gratuitamente ao outro, e deve ser vendido porque disto depende a sobrevivência de seu criador.

O século XX se encarregou de privatizar totalmente as artes com o desenvolvimento da sociedade de consumo e a criação das economias de livre mercado. E a arte, que era pública, passa a ser consumida apenas por aqueles que podem pagar por ela, privando de seu consumo uma vasta parcela da humanidade, que dela tem fome e necessidade.

Arte — Produção e consumo

Numa definição rápida, podemos dizer que: arte é bem público produzido por particular. Obra pública produzida por particular. Ao criarmos o Estado, conforme o entendemos hoje, nós, seres humanos, delegamos a algumas pessoas, e mais tarde a instituições, poderes para resolver questões que dizem respeito às necessidades públicas, coletivas, não privadas.

Em tese, no plano privado, dentro da minha casa eu resolvo sozinho. Mas se tiver que resolver algumas questões que dizem respeito as minhas relações com meus vizinhos, terei que discutir com eles as respostas e as questões. Ainda assim, se não houver consenso teremos que submeter as questões a um conselho superior, ou entidade, ou conjunto de regras e ordenações, ou, mais tarde, a um Estado que me ajude a estabelecer e organizar da melhor maneira possível as relações que se estabelecem entre o interesse público e o privado. Quando esse poder público, por mim mesmo criado para equilibrar essas relações, tende a trabalhar no sentido de atender apenas a alguns interesses privados, muitas vezes em detrimento do bem-estar público e de interesses privados de outros setores da sociedade, aí, então, estamos produzindo um perigoso desequilíbrio das forças que nos mantêm juntos, e que poderão a qualquer momento, por má gestão da coisa pública, se desequilibrar. Perigosamente.

Patrocinar exclusivamente a arte privada é investir milhões na indústria da produção de alimentos padronizados para servir a uma parcela da população, enquanto outra parte morre de fome.

A miséria do latifúndio cultural

Dioniso, o deus grego do teatro, é também o deus da fertilidade, da agricultura não cultivada — sendo cultuado como o deus da plantação e da colheita da uva, da produção do vinho. Dioniso simboliza tudo o que é caótico, imprevisível — que escapa da razão humana. As festas consagradas ao deus do êxtase e do entusiasmo levavam ao rompimento da medida humana, através de rituais de canto e dança. Essa "desmedida", essa embriaguez da alma, provocava a fertilidade dos campos e dos lares, afirmando os valores positivos da criação da vida. É muito importante saber isso para melhor compreender a dimensão que quero dar à expressão "latifúndio cultural", que usarei algumas vezes neste texto.

Uma coisa é uma árvore que nasce espontaneamente na natureza e produz frutos para todos. Outra é um pomar organizado, tratado com agrotóxicos de última geração, que produz árvores e frutos em sequência determinada e apresenta absoluta uniformidade de aspecto e qualidade. E o fruto que não apresentar essa uniformidade de aspecto e aceitação mundial deve ser imediatamente afastado do conjunto como material desqualificado. Sem valor "econômico" para o mercado. E, por extensão, para a humanidade.

A árvore que dá seus frutos obedecendo aos comandos superiores da natureza necessita obviamente de cuidados, atenção, para que não seja destruída, por pragas ou outro tipo de ameaça predatória, pois seus frutos são preciosos e têm valor alimentício indispensável. Proteger essas árvores, garantir sua fertilidade, recolher seus frutos, não significa submetê-las a permanentes modificações genéticas para delas obter maior rendimento, tanto em qualidade quanto em uniformidade. Serão necessários cuidados mínimos para que a planta produza o máximo de suas possibilidades sem interferir na qualidade e na natureza de seus frutos. Não milhares de árvores plantadas nos mesmos latifúndios, empobrecendo o solo com suas monoculturas, mas muitas árvores plantadas em milhões de minifúndios, florescendo em todos os quintais do mundo.

O latifúndio do agronegócio produz toneladas e toneladas de produtos transformados que passam por cima de toda e qualquer tentativa de preservar a saúde da natureza, como os minifúndios agrícolas e fertilizantes orgânicos. Os focos de resistência a esse avanço ainda são poucos. Embora cresçam, terão pouca possibilidade de sobrevivência a essa avalanche transacional, massificadora, eliminadora das diferenças essenciais entre todos nós, cidadãos-vegetais.

Isso é o que se chama de *agrobusiness*. Ou agronegócio. Movimenta bilhões de dólares em todo o mundo e é um dos maiores contribuidores para a construção do PIB nacional. Tem a ver com a agricultura, evidentemente, mas tem a ver principalmente com os negócios, *business*, conforme essa atividade é compreendida e defendida pelo sistema, dentro de um enfoque neoliberal.

Os rios, as matas, a fauna, a flora, os biomas, o equilíbrio ecológico e a harmonia entre os reinos e os animais que neles habitam passam a ter caráter secundário (embora ninguém ouse negá-los) na construção de um mundo justo e equilibrado. Os valores se invertem, e o "negócio" passa a ser muito mais importante que o "agro".

Prevalece a ideia do *business*, motor do sistema, em oposição à ideia de preservação, muitas vezes ela mesma inibidora e diminuidora do "lucro crescente", meta final desse sistema. É bom lembrar que a benesse do lucro não chega a todos os componentes do meio social, como os trabalhadores de maneira geral, mas apenas aos portadores do capital que impulsiona o agronegócio. Embora a terra, nosso planeta, seja prejudicada, a compensação financeira se estende apenas a poucos; o benefício do alimento não é igualmente distribuído por todo o planeta. Grande parte da população mundial vive em estado de fome crônica. Não há distribuição justa dos bens produzidos. Apesar dos grandes investimentos e prejuízos ecológicos feitos em nome do combate à fome, ela existe e continua a existir com diferentes graus de intensidade em todo o planeta. A fome é uma produção humana e de seus modos de organização econômica, social e racial. A lógica é a do mercado, e não a da distribuição dos bens produzidos.

Como alimentar tantas bocas e preservar a natureza sem que a ideia de lucro e de economia de mercado livre seja prejudicada? Não há resposta para essas perguntas. Um negócio que movimenta bilhões de dólares não pode ser ignorado, mesmo que venha a significar a destruição do planeta além da distribuição dos alimentos, multiplicados pela utilização de agrotóxicos poderosos, modificadores biológicos da estrutura do que plantamos e ingerimos.

Tudo isso é, porém, bonito de ver. Os campos plantados, a lavoura organizada, as grandes máquinas agrícolas trabalhando dia e noite sem parar para alimentar a boca enorme do mercado consumidor. Navios graneleiros, silos gigantescos, esteiras transportadoras, frutos atraentes e coloridos compõem o cenário do espetáculo grandioso da produtividade humana. Um espetáculo que enche os olhos, nos impressiona e nos faz acreditar que esa é a única forma possível de produzirmos nossos alimentos, ainda que com prejuízos e discriminação de parte da população do planeta. Forma única, o latifúndio produz enormes tsunamis devastadores de todas as outras formas de plantação e de colheita que o ser humano possa ter criado ou vir a criar.

A produção cultural também se transformou e vem se transformando cada vez mais numa atividade econômica tão importante, pelo volume de dinheiro que movimenta no mundo inteiro, quanto a produção de agricultura, o agronegócio.

Podemos falar dos negócios de cultura de maneira geral e particularmente do negócio dos espetáculos, chamado *show business*. *"There's no business like showbusiness"*, afirmaram os norte-americanos, líderes absolutos da indústria do entretenimento.

A indústria da música, do cinema e do teatro norte-americanos, atingiram — e ainda atingem — às dimensões semelhantes do agronegócio. Espetáculos da Broadway chegam a ter ações negociadas na bolsa em Wall Street e permanecem anos em cartaz, como soja transgênica, que tem as sementes modificadas para que nunca sofra processo de deterioração, comum na natureza. Permanecem "inalteráveis" por anos e ainda sofrem processo de replicação e clonagem para serem exportadas para o mundo inteiro. O Brasil já é um dos maiores, se não o maior, importador desse tipo de produto cultural transgênico. Já é possível hoje vermos no Brasil espetáculos que foram, e alguns ainda são, sucesso na América do Norte há mais de cinquenta anos.

Assim como no mundo do *agro-business*, o *show business*, o latifúndio cultural, também é capaz de produzir — e produz — tsunamis devastadores cuja vocação maior é passar por cima de tudo, devastando territórios onde, possivelmente, poderiam estar nascendo novas culturas e novas possibilidades de produção cultural, que talvez pudessem trazer mais benefícios para a humanidade, faminta de bons produtos, do que a produção de cultura transgênica e modificada. Mas essa indústria precisa ser amparada, pois ela movimenta, como a outra, bilhões de dólares, proporciona lucros fabulosos e causará "malefícios" incalculáveis se for limitada ou controlada. Poderá até abalar o sistema. Como os bancos e o capital financeiro: o *banking business*.

"O que é roubar um banco comparado a fundar um."
— Bertolt Brecht

Essa frase é do dramaturgo alemão Bertolt Brecht, dita há quase um século por um personagem de *Ópera dos três vinténs*, gângster explorador do negócio de pedir esmolas em Londres (uma espécie de bicheiro) associado com o chefe de polícia da cidade e outras figuras importantes do reino. Preso, ele será agraciado com o perdão da própria rainha.

Assim também no *agrobusiness*, assim também no *show business*. Atividades extremamente lucrativas ou rentáveis, mantidas com verbas públicas oriundas de pagamentos de impostos e trabalho do povo brasileiro.

É comum vermos o Estado que, dizem, deveria ser mínimo, se mobilizando para investir em iniciativas privadas com finalidade absolutamente lucrativas. Um Estado máximo na manutenção das atividades privadas. E um Estado mínimo, aí sim, para aquelas atividades de sustentação de qualidade e humanização da vida em uma sociedade que pela própria natureza prescinde dessas preocupações.

Não deveria ser o contrário? Os investimentos não deveriam ser feitos nas atividades obviamente de interesse público e não que visem ao lucro? Só vale dinheiro o que rende dinheiro? Não há outra maneira de produzir bens públicos a não ser aquela que visa ao lucro?

Se é do interesse público salvar atividades de caráter privado por considerá-las de utilidade pública (*agrobusiness*, agronegócio, *show business*, *banking*), não seria também da competência do poder público apoiar obras de caráter público feitos por particular?

A César...

Uma atitude que contempla o futuro é dar a César o que é de César; e dar a Deus o que é de Deus.

Existe uma arte muito antiga e muito nova que quer voltar a se manifestar, mas não mais apenas dentro dos espaços reservados para as artes. Essa outra arte quer recuperar seu antigo sentido ancestral e se oferecer a todos sem nenhuma distinção de classe, de credo, de sexo, ou outras, em qualquer lugar, para que todos dela possam usufruir. Uma arte que ainda não conhece sua estética, porque ainda não viu vitoriosa sua nova ética. Essa arte existe, não é — e não pode ser produzida — pelo poder público, mas ela existe, e o poder público não pode — nem deve — ignorá-la.

Linguagem acessível, liberdade, humor, celebração, horizontalidade, respeito às individualidades poderão ser alguns dos aspectos dessa nova ética/estética. Música, dança, ritualidade e principalmente fisicalidade, em oposição à verticalidade e virtualidade cada vez maiores das manifestações artísticas do chamado mercado e da autossustentação.

A arte, como um todo, não pode ser – e não é — autossustentável, sob pena de perder todo o seu sentido original de doação, generosidade e compartilhamento. Nós não devemos vender o que temos de melhor para dar.

A esta arte o que compete a ela; a outra, o que a ela compete.

Que estrelas poderão nascer do entrechoque dessas duas tendências tão fortes e arraigadas à natureza humana, e tantas vezes em desequilíbrio? Ou tudo coletivo, público, ou tudo individual, privado. Privatizado. Choque necessário e inevitável.

Poderão e deverão — conviver, e essa convivência certamente há de trazer grande benefício ao ser humano e ao convívio social. O afunilamento perverso da privatização exacerbada não nos traz nenhuma perspectiva ou esperança de um mundo melhor. Ao contrário do que seria, se essa privatização estivesse acoplada à ideia de artes públicas em espaços abertos capazes de restituir às cidades sua condição de morada da cidadania mais evoluída, devolver à *urbes* o conceito de *civitas* — polivalente, *polis*. E ao cidadão, finalmente, a esperança em um mundo melhor, pois afinal de contas, em última análise, é disso que se trata e não de um mercado de autossustentabilidade. Ou nos salvamos todos ou nos perdemos todos. Não há salvação individual.

Evoé!

A história caminha por caminhos inesperados. As ruínas do megamundo deixarão antever após a derrocada, o novo mundo, as sementes que germinaram bem debaixo dos imensos latifúndios. Brotarão de uma região do solo fértil não contaminado pelos pesticidas. E a produção da coisa pública, até então subterrânea, irá florescer e se estabelecer a céu aberto. A arte pública não é mega, é míni, muitas e muitas vezes! E poderá repovoar o mundo com as sementes orgânicas de uma nova possibilidade social, germinadas no minifúndio amoroso e solidário, compartilhado como num assentamento.

Voltemos, então, com a alma embriagada, a Dioniso, o deus grego do teatro. Sendo ele mesmo uma semente parida nas coxas de Zeus, ele é a prova da possibilidade de germinação, florescimento e frutificação dessas sementes originárias, orgânicas, que desejam aflorar. É Dioniso que chama o que vem a seguir...

Filho da história

O teatro foi — e sempre será — filho da história e não da ideologia, e se formos estudar as peças, suas épocas e sua arquitetura conseguiremos ver em seus traços essenciais como viviam o homem e as cidades de cada época. O teatro grego, o elisabetano, o espanhol do Século de Ouro, a Idade Média, todos por meio da sua arquitetura e da dramaturgia nos falam de seu tempo, não seria diferente também com o teatro da burguesia. A derrocada final dos sistemas monárquicos absolutistas e a ascensão ao poder de um novo grupo social que se estrutura ideologicamente ao longo dos seus tempos de domínio, traz modificações profundas na vida social, urbana e rural e, evidentemente, na vida cultural dos países deste lado do mundo. A burguesia dominante, que via o teatro nas ruas, ou em edifícios adaptados para a função, como os "hotéis" parisienses, as quadras de tênis, os pátios das hospedarias, os *corrales*, começa a se preocupar com a criação de um local para seus espetáculos, já que os reis e a aristocracia poderiam vê-los nos próprios palácios, trazendo os artistas até eles. Onde, porém, os burgueses veriam seus espetáculos? Teatros com palcos frontais, contemplativos, plateias frontais, camarotes e frisas se transformam no lugar onde a burguesia vai viver seus grandes momentos, com o balé, a ópera e o teatro. Por servirem a todos, sem restrições da aristocracia nem a poluição das ruas, esses teatros passaram a ser chamados de "teatros públicos", quer dizer, um lugar que todos poderiam frequentar desde que tivessem dinheiro para pagar o preço do ingresso. Nos palácios não se cobravam ingressos e nas ruas se passava o chapéu... O teatro público livra os artistas da segregação aristocrática e da penúria das ruas e parece ter vindo para "revitalizar" essa arte tão popular, colocando-a totalmente a serviço da burguesia ascendente. Todos agora poderiam desfrutar essa arte em locais agradáveis, confortáveis e bem equipados com a tecnologia da época, desde que pudessem pagar pelos ingressos. E a burguesia podia.

O local dos espetáculos

O mundo estava mudando e o teatro refletia essa mudança em forma e conteúdo, arquitetura e dramaturgia, organização e administração, e principalmente na composição da plateia nas salas "públicas" de espetáculo, o que iria modificar totalmente o teatro que se fazia, pois, apesar de as salas serem "públicas", o teatro não se fazia mais para todos, dos reis aos miseráveis de rua da Idade Média e do Renascimento, mas, sim, para uma classe social única e homogênea que viria a frequentar as salas dos teatros públicos pelos séculos seguintes.

Embora pudesse contar com a presença de algum rei ou autoridade principal em seus camarotes especiais, as plateias dos teatros iriam apresentar absoluta uniformidade e homogeneidade, pois a elas se dirigiam sempre representantes da nova classe social com poder e domínio sobre corações e mentes.

O mundo mudou de lugar, e o teatro também andou com ele. A burguesia protestante, que iria desenvolver a civilização do mercado, do dinheiro e do consumo, se apropria dessa forma espetacular de manifestação humana e a transforma em coisa sua e determina-lhe os contornos durante pelo menos dois séculos. Expropriado, o teatro se transforma em arte privada, que tem proprietários.

Somente no fim do século XIX e início do século XX é que essa situação vai se modificar, e justamente com uma nova revolução que quer trazer para o centro da discussão e do poder a classe que ficou para trás. A revolução socialista não poderia ignorar o teatro, e não ignorou, assim como também o teatro não ignorou mais essa transformação social.

Os artistas soviéticos, entusiasmados com a ideia de construção de uma nova sociedade justa e igualitária, procuram descobrir qual seria a arte do espetáculo de uma sociedade sem classes, uma arte que chegasse a todos igualmente. Maiakóvski foi o que mais acreditou e mais pensou no que seria essa arte, e levou seus espetáculos para lugares inesperados, pensando nas lonas do circo, nas vitrines das lojas saqueadas das cidades russas e, finalmente, para as ruas. Mas foi ele também quem mais se decepcionou com os caminhos tomados por essa revolução em relação às artes e à cultura dos povos. Suicidou-se. Antes mesmo que o realismo socialista fosse coroado por Stalin e o poder da época como a linguagem "oficial" da nova era. Os poetas que dela se afastaram seriam considerados alienados e esteticistas e nocivos ao programa de construção de um novo mundo socialista. Meyerhold, que também aderiu à revolução e colocou sua arte a serviço desse mundo, também cai em desgraça e tem morte melancólica. O teatro se fecha novamente nas salas controladas e bem-comportadas, desenvolvidas pelos líderes revolucionários soviéticos. É novamente privatizado, dessa vez pelo Estado. E tudo volta à antiga calma pré-revolucionária.

Bertolt Brecht

Brecht é proibido na União Soviética e perseguido nos Estados Unidos. Se instala com seus atores num teatro da então Alemanha Oriental, onde iria ter condições de desenvolver suas ideias a respeito do teatro épico que influenciou gerações e gerações, desde a primeira metade do século passado até hoje, mudando definitivamente o horizonte das artes cênicas em todo o mundo. Nascido do Expressionismo alemão e das inquietações políticas de toda a Europa nas primeiras décadas do século XX, ele foi o primeiro a contestar o teatro que se fazia nas salas fechadas do realismo burguês ou socialista.

Embora tivesse mexido profundamente nas questões do ator e da dramaturgia, e na ideia de desmistificar o palco e a ilusão burguesa em busca de um teatro didático e popular, Brecht se manteve nos limites da cena italiana e jamais questionou sua organização arquitetônica. Procurava resolver suas questões dentro das quatro paredes de um teatro, em um palco amplo sem quarta parede.

Embora movido por um forte sentimento democrático e humanista, e ainda que fizesse um teatro de alcance popular por sua linguagem e preocupações, Brecht não abandonou nem questionou a cena italiana, embora tenha modificado profundamente a relação do espetáculo com o espectador.

A demolição

A partir dos anos 1950, a insatisfação com a formalidade do palco italiano faz com que o local dos espetáculos se pulverize e se multiplique em várias outras possibilidades arquitetônicas ou espaciais, desde as arenas mais simples até as salas polivalentes, comuns hoje em dia.

O espaço do teatro se fragmentou porque o mundo que ele queria representar também se fragmentou, e novas relações, novas dramaturgias, novos espaços são necessários para poder se falar dessas fragmentações e modificações que o teatro privatizado e expropriado pela burguesia vinha sofrendo. E sonhar com outro.

Novamente está tudo em movimento, o mundo muda de lugar e o teatro muda com ele. Qual seria o local dos espetáculos teatrais em um mundo desorganizado e em reorganização?

A rua

Desde que o lugar do espetáculo passou a ser aquele da escolha do encenador, ou do produtor, ou do autor, desde que o lugar dos espetáculos não era mais aquele obrigatório, criado pelas ordenações e valores sociais deste nosso sistema urbano, a rua naturalmente se apresentou como alternativa possível e viável para apresentação e fruição teatral. Como era antes. Fomos muitos a ir para a rua em busca de respostas para as questões espaciais que cercavam o espetáculo. Experimentadas todas as formas de arena, circulares, retangulares — todos os espaços possíveis — quadrados, galpões, velhos edifícios, presídios, hospitais abandonados, até trens e ônibus —, ficava faltando somente experimentar o espaço urbano livre de qualquer conformação ou limite: a cidade com suas ruas e suas praças, especificamente, os espaços públicos. Do confinamento das salas fechadas, dos teatros, dos "hotéis", dos palcos das hospedarias, dos *corrales*, dos palácios dos reis, o teatro volta para as ruas, onde já estivera durante séculos, principalmente na Idade Média e no Renascimento, quando a *commedia dell'arte* representa um momento de estupenda força e vitalidade dessa atividade humana, tão antiga quanto a própria história do homem.

A volta do teatro aos espaços públicos, além das questões espaciais, nos trouxe, principalmente, a possibilidade de contato com uma plateia que estava longe da homogeneidade do espetáculo burguês, feito para uma classe social apenas. O teatro de rua traz de volta para o espetáculo a heterogeneidade das plateias que fizeram a força e a vitalidade do teatro grego, medieval, espanhol do Século de Ouro, renascentista, elisabetano, do teatro de Shakespeare e Molière, que escreveram para plateias absolutamente heterogêneas, produzindo obras de interesse jamais superado na história das artes dramáticas e da dramaturgia. Daí vem a força dessas obras, geradas no contato direto com a população, sem divisão de classes. O clássico popular.

O teatro de rua elimina a estratificação social e nos coloca novamente em contato com a população, sem restrição de espécie alguma. Atuar nos espaços abertos, em áreas públicas e livres, é como fazer uma viagem ao passado e ao futuro do teatro, percebendo sua ancestralidade e sua necessidade, o que lhe garante a permanência no futuro.

A função teatral cumpre a função social essencial de recuperação do tecido social desgastado quando realizada em plena liberdade em espaços públicos, despertando no espectador a memória de antigas representações nunca vividas por ele, mas muito lembradas, colocando-o em contato com sua ancestralidade e devolvendo a ele a esperança de fazer parte da vida urbana em todos os seus aspectos.

Nossas possibilidades de recuperação estão em nossa ancestralidade, em nossa história. O moderno já não se explica. O moderno nasce velho. O homem que quer ser moderno perde contato com o eterno. Como dizia Carlos Drummond de Andrade: "Cansei de ser moderno, agora quero ser eterno." Ele, a poesia e as artes. A recuperação dessa ancestralidade é que pode dar ao teatro nestes tempos modernos seu sentido de contemporaneidade. O contemporâneo é eternamente novo e eternamente velho. Só a consciência de nossa existência no planeta pode nos dar algum sentido de contemporaneidade e nos abrir caminho para o futuro. O futuro só acontece no presente.

A organização de vida pública está na origem mesmo da história humana. Tribos, grupos, crenças, religiões, costumes, raças, etnias. Tudo que nos confirma que somos mais, muito mais que indivíduos competindo entre si pela supremacia ou vitória individual. O homem caminha para sua possibilidade pública, abafada por alguns séculos, mas agora insuflada pela necessidade absoluta de organização mais que perfeita das relações que se estabelecem entre o público e o privado. E o teatro é o paraíso perdido, o possível equilíbrio final das forças que representam os interesses coletivos e os interesses privados. O teatro será sempre a busca da harmonia perfeita para a realização do sonho humano de recuperação do paraíso. O teatro é a utopia representada. Podemos nunca chegar a ela, mas a busca incessante nos qualifica e nos engrandece para a busca de melhores formas de convivência humana. O teatro desenvolve no indivíduo o sentimento de coletividade e dá ao coletivo a medida da importância de um indivíduo bem desenvolvido. Não há coletividade forte sem indivíduos igualmente fortes nem individualidade livre e forte sem coletividade desenvolvida.

E foi por acreditar em tudo isso e por achar que podíamos disseminar uma ideia de arte pública, manifestação pura e espontânea de liberdade de expressão do cidadão, que não é condicionada a nada anterior à sua expressão, que propus nos juntarmos, nós, artistas públicos. E bastou uma convocação para que a casa do Tá Na Rua, na Lapa, fosse tomada de gente, e assim passamos a nos reunir em fórum permanente na necessidade de nos reconhecermos, nos organizarmos e darmos voz a essas ideias. E me sinto orgulhoso de ter puxado esse cordão, juntado esses artistas e desenvolvido um conceito, uma proposta de arte pública que apresento a seguir.

Seminário, Fórum e Festival Carioca de Arte Pública

O grupo de teatro Tá Na Rua, como o próprio nome indica, já nasceu com a vocação inevitável de atuar nos "espaços abertos". Recusava o confinamento que a expressão "teatro de rua" poderia trazer e se propunha a atuar em todo e qualquer espaço que pudesse recebê-lo que não fosse a cena italiana e o espaço fechado "reservado" para esse tipo de atividade. Só muito depois é que viria a usar a expressão "espaços públicos" para o lugar de suas apresentações, em oposição à circunscrição dos espaços "privados" — ou privatizados — dedicados ao teatro convencional. Sabíamos estar fazendo uma retomada histórica, diante do impasse em que, na opinião do grupo, se encontrava o teatro — que era frequentado e consumido pelos extratos de classes média e alta. Nossa última referência contemporânea era *a commedia dell'arte*, gênero vigoroso que durou, de uma maneira ou de outra, do fim da Antiguidade Clássica até meados do século XVII, tendo influenciado e alimentado com sua permanência todo o teatro da Idade Média e, mais tarde, o do Renascimento, e autores como Shakespeare e Molière. Entendíamos que o teatro era filho da história e não da ideologia, e por isso demos um passo atrás para podermos ir à frente, nos livrando das regras e dos procedimentos a que o teatro estivera submetido nos últimos 300 anos de apropriação pelas classes dominantes. A mudança do local do espetáculo e, por consequência, de formação da plateia que a ele assistia, trouxe questões importantes e inesperadas para o grupo e seus atores. Que modificações uma plateia heterogênea como a das praças e ruas públicas traria para nossos atores, acostumados a trabalhar para uma plateia homogênea e "educada" nos espaços fechados? Bastava tirar o teatro das salas fechadas e realizá-lo no espaço aberto? Bastava fazer o teatro na rua? Ou existiam diferenças que pudessem configurar o teatro de rua? Assim, desde suas primeiras apresentações, a questão do desenvolvimento e da pesquisa de uma linguagem teatral apropriada para os espaços abertos e uma plateia heterogênea se colocou para o grupo de teatro Tá Na Rua. A pesquisa e a inquietação jamais se afastaram de nosso cotidiano de trabalho desde então, e tem nos acompanhado durante os 40 anos de existência do nosso coletivo. Nunca dependemos do dinheiro público para realização de nossas atividades, pois sabíamos que se dependêssemos não teríamos chegado a lugar algum. As políticas públicas para a vida cultural brasileira sempre foram restritas e conservadoras, antes ainda mais do que agora. Assim, esperar por políticas públicas para estímulo às pesquisas teatrais era totalmente irreal, e para o teatro nos espaços abertos era ainda mais impossível. Quase uma utopia.

Quando conseguíamos ter algum tipo de produto, era dele que retirávamos nossos rendimentos, insignificantes diante das necessidades que nosso processo de trabalho revelava. Ainda hoje o "resultado" é o que importa e processos importantes são interrompidos por falta de investimento público.

Para não morrer, e por amor ao que fazia, o grupo procurou sempre não depender dos cofres públicos, embora achasse — e ache — que o Estado tivesse — e tem — responsabilidade essencial no estímulo à pesquisa livre, que não esteja voltada necessariamente para o mercado. Na ausência de investimento estatal nos processos de criação, o teatro de rua jamais se deixou imobilizar ou se prostrou choramingando diante dos precários cofres públicos.

Nada cresceu tanto no Brasil quanto essa chamada Arte Pública. Nenhum movimento cultural teve crescimento tão grande como esse, sem nenhum apoio oficial e sem nenhuma alavanca mercadológica que atraísse para ele investimento e profissionais do "mercado". Quando eu criei meu grupo de teatro de rua meus amigos fugiram de mim, acharam que eu tinha tomado um ácido e ficado louco. Hoje são centenas de grupos de teatro de rua que se desenvolveram e se multiplicaram como uma epidemia por todo o Brasil. Incontáveis. Vinte anos atrás, participar de um festival de teatro de rua com um grupo de teatro de rua era um milagre, uma estranheza. Hoje, o Brasil tem dezenas de festivais de teatro de rua.

Cresce, capilariza, avança, é a peste da qual o Artaud falava. É a peste que derruba tudo. Porque é necessária, é importante. E cresce por sua força e vocação e não é a perspectiva de ganho a médio, a curto ou a longo prazo que atrai as pessoas para ele. Não é o mercado que determina o crescimento, mas necessidades mais profundas de modificações e transformações culturais e sociais. A pressão é histórica e não mercadológica, e por isso fértil e incontrolável. Uma necessidade histórica, e por isso pública, de todos.

Diante de seu crescimento e sua importância, o movimento não poderia mais ser ignorado nem pelo poder público nem pela chamada "inteligência" nacionais. Embora ignorada pelos "benefícios" da renúncia fiscal, que obviamente não chegam até o movimento, dado o desinteresse do setor privado pela modalidade, esta começou a ser notada, depois de muita insistência e pressão, quando começaram a voltar os editais.

A volta dos editais oferecia ao movimento de teatro de rua, uma possibilidade de ser visto pelos olhos do poder público. Ainda assim, porém, olhos preconceituosos. De todo o dinheiro investido na área, seu percentual era — e sempre foi — insignificante. Sempre os últimos de toda e qualquer lista, menos culto e não merecedor da mesma atenção de outras manifestações consideradas muito mais importantes, o movimento não tinha "dignidade" e era difícil, certamente, determinar seu valor artístico, social e econômico. Na comparação com o estabelecido acabaria sempre perdendo. Como dizia Brecht: "Vale dinheiro o que rende dinheiro."

Ainda assim, a Funarte abriu editais exclusivamente para as artes de rua e editais regionais incluíam o teatro de rua em suas premiações, sempre, porém, com um tratamento diferençado — para pior. Também as leis de fomento, como a de São Paulo, não excluíam os grupos que fazem teatro nas ruas, embora não os privilegiassem como objetos de políticas públicas apropriados.

Por ser de natureza pública (assim como a saúde pública, o transporte público, o banheiro público) e não se enquadrar nos padrões e critérios que regulam a atividade privada, o teatro de rua está sendo tratado — e estará sempre sendo tratado — como uma manifestação cultural primitiva, precária e indigna, diante dos avanços e das sutilezas das manifestações da chamada altacultura.

Choque de ordem

Arte é obra pública feita por particular, pressupõe a entrega do melhor de nós mesmos para consumo da coletividade. Só podemos fazer isso com nossos melhores sentimentos, mesmo que seja para falarmos dos piores sentimentos humanos e suas contradições.

Fazer teatro, fazer música, cantar, dançar, pintar, fazer arte significa se educar e reeducar no momento mesmo da sua execução ou da sua partilha. Todos nós somos capazes e precisamos disso. Não se trata apenas de algumas pessoas bem preparadas para isso, mas de todos os seres humanos. Todos nós somos capazes de alguma forma de nos manifestarmos expressiva ou artisticamente. Fazer arte, ser criativo, faz parte da natureza humana e por isso todos nós, seres humanos, somos capazes e precisamos exercer essa nossa possibilidade. O ser humano que não vive sua criatividade inevitavelmente adoece. Ao contrário, fazer arte pode ser também a faculdade de pronto restabelecimento ou possibilidade de cura, a possibilidade de cuidarmos de nossa saúde; de sua natureza vem sua possibilidade terapêutica.

O que dentro de ti te mata, fora de ti te salva

A arte é a possibilidade de manifestação da nossa desordem interior. É também a forma mais profunda de reorganizar o nosso mundo. Não é a ordem do mundo que organiza a arte, mas, sim a desordem da arte que reorganiza o mundo.

É a transgressão que possibilita a evolução, uma nova ordem para as coisas. Assim, o conceito tradicional e repressivo de "ordem pública" não é o melhor valor social para lidar com as questões das artes públicas, que se realizam nas ruas e nos espaços públicos, de uso liberado para a população.

No ano de 2010, os artistas de rua da cidade do Rio de Janeiro estavam sendo impedidos de exercer sua arte nos espaços abertos públicos. Artistas e grupos eram impedidos pela Guarda Municipal devido ao projeto Operação Choque de Ordem, implantado pela Secretaria de Ordem Pública Municipal. Com isso, nós, os artistas e grupos, nos unimos e juntos protelamos contra esse projeto, protestando da única forma que sabemos, com cores, bandeiras, música e alegria. Realizamos um imenso cortejo pelo Centro da cidade, desaguando na Cinelândia, palco histórico de grandes acontecimentos como o nosso. Palhaços, atores, circenses, dançarinos, poetas, pernas de paus, malabares, saias, ciganos, tambores, surdos, repiques, enfim, todos que fazem da rua seu local de trabalho lá estavam, declarando seu amor pelo Rio de Janeiro. Queríamos mostrar que éramos — e somos — uma proposta viável e concreta para a cidade. Foi o início.

A partir desse movimento conquistamos a Lei nº 5.429, de 5 de junho de 2012, uma lei de autoria do vereador Reimont que nos permitiu continuar realizando nosso ofício. E também nos foi proposto idealizar um projeto para que agraciasse os artistas públicos, revelando assim, para o poder público, quem somos e quantos somos.

Diante do tamanho e crescimento contínuo dessas manifestações públicas, que vão muito além de teatro, como a música, a pintura, as artes plásticas em geral, a mímica, a dança e outras atividades que se realizam rotineiramente nas ruas e nos espaços públicos da cidade; e diante da ausência de políticas públicas que contemplem essa importante atividade humana, é que sentimos fortemente a necessidade urgente da criação de políticas públicas para essas artes que chamamos de artes públicas.

O conceito de arte pública ainda é muito novo e, ao mesmo tempo, muito antigo. Uma arte que se faz e se produz para todos, sem distinção de classe ou nenhuma outra forma de discriminação, podendo ocupar todo e qualquer espaço, e com plena função social de organizar o mundo, ainda que por instantes, fazendo renascer na população a esperança. Um direito de todo e qualquer cidadão.

Sem prejuízo ao fomento que já se faz às atividades culturais que atendem ao mercado e são expostas ou vendidas em lugares adequados e preparados para isso, é preciso que se avance na ideia ou na conceituação de uma arte pública para que possamos criar para ela políticas públicas próprias.

Políticas públicas para as artes públicas foi o tema central do primeiro encontro nacional e internacional de artes públicas. Uma janela e um horizonte para se antever e começar a construir o futuro agora. Diferentemente do que está previsto ou ordenado de antemão.

Seminário Arte Pública — Ano Zero, Rio de Janeiro, 2012

"Existe uma cultura latente e viva espalhada pela cidade do Rio de Janeiro. Não está condicionada aos espaços fechados. É uma arte feita por cidadãos em contato direto com a população."

Foi com essas palavras que abri o Seminário de Arte Pública — Ano Zero/Abertura do Iberescena, que aconteceu no dia 27 de novembro de 2012, no Edifício Gustavo Capanema, localizado no Centro da cidade do Rio de Janeiro. O evento durou o dia inteiro e contou com a participação de importantes lideranças do teatro de rua do Brasil, e ainda com representantes de teatro da Espanha e do México. A abertura do seminário foi feita com um belo cortejo pelas ruas do Rio, onde atores, malabaristas, bonecos cantaram, dançaram e informaram a população sobre o seminário.

Foram realizadas mesas de debate[1] e comunicação de experiência prática,[2] e diversos espetáculos foram apresentados, entre os quais o Tá Na Rua, com *Anárgiros*.

Esse espetáculo surgiu de antigas investigações do grupo sobre a relação entre o mundo capitalista, em que tudo está à venda, e o desejo genuíno do artista de entregar à sociedade o que ele tem de melhor: a sua ARTE, e com ela transformar o mundo em que vivemos. Qual é o valor disso? Só vale dinheiro o que rende dinheiro? Se eu não vendo o meu trabalho como eu faço para comer? Essas perguntas passam, passaram e passarão pela cabeça de todos nós, que vivemos de nossa arte. *Anárgiros*, então, sintetiza as discussões propostas pelo seminário. Discutir políticas públicas para as artes públicas traz à tona antigas angústias de artistas que não se enquadram e nem querem se enquadrar nas leis do mercado.

Anárgiro: s.m. Que não tolera o dinheiro.
Do gregoa (n)" = "não", "sem", "aversão a" + "árgiro" = "prata", "dinheiro". É o epíteto dado aos santos Cosme e Damião, pois eram médicos que não cobravam por seus serviços."[3]

Os anárgiros desestabilizam a ordem natural das coisas. Jesus Cristo foi anárgiro. Cosme e Damião também. Para os pobres, Cristo era um anjo. Para a Igreja judaica da época, um demônio. Cosme e Damião, para os doentes, eram anjos salvadores. Para os sacerdotes e médicos da época, eram demônios ameaçadores, assim como todos os anárgiros. São destruidores, devastadores, e, no entanto, fazem perceber que o mundo pode ser deste jeito, mas também pode ser de outro. São reconstrutores. Se o anargirismo se alastra, o mundo se despedaça, mas, para não desmoronar sobre si mesmo, o mundo precisa dos anárgiros.

Aqueles que oferecem de graça à população o seu saber, o seu pensamento, o seu sentimento e reflexões para que deles ela faça o uso que bem lhe aprouver. Não visam a lucros. É doação generosa. É quase que como um ato irreprimível, um impulso incontrolável que precisa ser realizado. No tempo que for possível e ao longo de todo o tempo. Não é um chamado, portanto, mas uma compulsão, de baixo para cima e de dentro para fora. Muitos de nós conhecemos esses sentimentos e ora os tratamos como diabólicos, ora como angelicais. Ora como o que achamos ser o melhor de nós mesmos, livre, aberto, esbanjado, ora como o que sabemos ser o pior em qualquer situação.

A questão do anargirismo é fundamental. A existência dos anárgiros é fundamental.

Hitler não fez o mundo caminhar, nem Stalin. Einstein fez, e Gandhi e Galileu.

Proposto pelo grupo de teatro Tá Na Rua e patrocinado pela Funarte, o Seminário de Artes Públicas discutiu o crescimento das artes de rua no Brasil e quais as políticas públicas que se fazem necessárias ao fomento e manutenção dessa arte que sempre foi desprivilegiada pelo poder público. E nos revelou a necessidade emergente da criação de um fórum permanente de debate sobre a construção dessas políticas. Mantivemos a partir daí uma rotina de encontros na casa do Tá Na Rua, na Lapa, que culminaram, em 2014, na criação do Festival Carioca de Arte Pública.

Festival Carioca de Arte Pública

Não é por se chamar "festival" que você vai imaginar que esse foi um evento onde se apresentaram os melhores exemplares de então de artistas públicos da cidade do Rio de Janeiro. Não! É isso, mas também não é só isso. É isso porque o que há de melhor sempre há de aparecer. Mas não é só isso porque não foram chamados apenas os "melhores", mas todos aqueles que, de alguma maneira, exercem algum tipo de atividade pública voltada para as pessoas nos espaços públicos da cidade. Do mais "insignificante" ao mais atrevido ou avançado.

Pouco sabemos sobre o assunto, e essa foi uma primeira tentativa de levantar o universo que existe por entre as dobras das peles e as veias da cidade encastelada. Acreditamos que muita coisa apareceu e muitas outras poderão amadurecer. Nosso primeiro trabalho foi tentar botar tudo, a seu tempo, para fora. E acompanhar os acontecimentos. Não determiná-los. O homem é filho da história, e não da ideologia.

Estávamos num momento que chamamos de "tirar o tatu da toca". O que estava amedrontado, tímido e descrente, impotente e por isso entocado, foi estimulado a deixar a toca. Confiante no mundo lá fora. Convocamos a todos. Queríamos nos ver, nos conhecer, trocar endereços, telefones, como antigamente. E nos organizarmos para vermos cada vez mais quais são os nossos possíveis e novos belos horizontes. Não queríamos selecionar. Só queríamos mobilizar para conhecer. Portanto, não houve critério (nem discernimento, juízo, raciocínio, segurançar e sensatez).

Foi em 2014, entre os dias 18 de janeiro e 5 de abril, que realizamos o Primeiro Festival Carioca de Arte Pública, cujo objetivo era catalogar e revelar os artistas e grupos que atuam na cidade. Durante três meses estivemos em quatro praças da cidade: praça Tiradentes, no Centro, praça da Harmonia, na Gamboa, Largo do Machado, no Catete e Praça Saens Peña, na Tijuca, se estendendo para outras duas praças, onde foram realizados aulas, espetáculos e apresentações, o largo da Lapa e a praça Xavier de Brito, respectivamente no Centro e na Tijuca. Quatro grupos de circo e teatro de rua, com identificação com a cidade e intensa atividade, foram responsáveis pela organização e curadoria do projeto: os grupos Tá Na Rua, Grande Cia. Brasileira de Mistérios e Novidades, Off Sina e o Boa Praça. Nesses três meses conseguimos catalogar 760 artistas, entre solos, duplas, trios e grupos, e ter seiscentas apresentações, todas na praça, em contato horizontal com a população.

A repercussão positiva do projeto contribuiu para a idealização de uma segunda versão, ampliando para outras regiões da cidade do Rio de Janeiro. Comemorando os 450 anos da Cidade Maravilhosa, realizamos, em 2015, o Segundo Festival Carioca de Arte Pública, dessa vez ousando levantar âncora e levando o projeto para três praças nas Zonas Norte, Oeste e Leopoldina, com o mesmo espírito de revelar e mostrar que as praças são locais não só de passagem, mas importantes polos de ligação entre a população e a cidade e que devem ser ocupadas pelos artistas e grupos dessas regiões.

O festival começou com uma grande Feira de Arte Pública em que houve a apresentação dos grupos criadores do festival e dos artistas em praça pública. Depois ficou dois meses realizando atividades diversas: fórum de discussão do movimento, oficinas e cadastramento dos artistas. No total, foram quatro feiras (três nas praças-sede e um encerramento), ao longo de sete meses de trabalho por dentro da cidade. Todas as atividades, sempre que possível, aconteceram em praça pública. Entramos por bairros, praças e ruas das Zonas Norte e Oeste, revelando os artistas dessas regiões, levando a discussão do papel dos artistas públicos, contribuindo para a valorização, ocupação e manutenção dos espaços públicos regionais com esses artistas que compõem o cenário urbano cultural carioca.

O projeto pôs a cidade em movimento. Durante sete meses, artistas e grupos públicos se manifestaram, levando alegria, cortejando e declarando seu amor pela Cidade Maravilhosa.

O artista de rua está no espaço público não por falta de oportunidade, é uma opção, um desejo, uma liberdade, e somos uma possibilidade para a sociedade, somos focos de saúde pública.

Somos as forças desarmadas da população!

Em 2016, ano de Olimpíadas no Rio de Janeiro, o Grupo Tá Na Rua foi procurado para produzir a participação dos artistas públicos no boulevard Olímpico, na Zona Portuária, durante os Jogos da XXXI Olimpíada dos Tempos Modernos, realizadas no mês de agosto. De acordo com a opinião do público, os artistas, que se apresentavam em toda a extensão do corredor que ia da praça Mauá à praça XV, eram o que tinha de melhor no evento.

Então, em novembro do mesmo ano, entre os dias 4 e 14, realizamos, numa versão mais reduzida e concentrada, sem a verba necessária para sua plena realização, o Terceiro Festival das Artes Públicas, com dez grupos e mais de cem artistas que se apresentaram em sete praças históricas da cidade do Rio de Janeiro: a praça Floriano Peixoto, conhecida como Cinelândia, a praça Marechal Âncora, a praça Muhammad Ali (localizada no boulevard Olímpico), o Cais do Valongo, a praça Cardeal Câmara, conhecida como praça da Lapa, a praça XV e a praça Mauá. Ofertamos nossa arte, tão contemporânea e tão ancestral, com a mesma dedicação e doação do que temos de melhor para oferecer ao Rio de Janeiro, e com certeza de que contribuímos neste presente para um outro futuro para a cidade que conhecemos como maravilhosa.

A todo esse movimento — seminários, fóruns e festivais - chamamos de Arte Pública — Uma Política em Construção. Esse extenso e contundente trabalho, realizado com a militância de diversos e representativos artistas públicos, se apresentou como uma emergência do movimento social vivo, sensível aos acontecimentos. Uma resposta social às pressões a que são submetidos os cidadãos nos modelos de cidade e vida urbana que lhes são impostos. Uma resposta da saúde pública brasileira, em oposição a um tratamento vertical dedicado às artes pelos órgãos de cultura oficiais. Nosso trabalho comprovou a existência concreta de uma outra possibilidade artística na cidade do Rio de Janeiro, de uma complexidade e diversidade inimagináveis. Nosso trabalho trouxe subsídios importantes para a elaboração de um projeto de Políticas Públicas para as Artes Públicas, que no nosso entender merecia a criação de um órgão totalmente independente e ligado às Secretarias de Cultura, Saúde e Educação com interlocução direta desse fórum permanente de artistas públicos na sua criação e gestão. Essa proposta, juntamente com todos os registros desse movimento, que inclui extensos relatórios com fotos, descrições de todas as atividades, boletins informativos sobre repercussão local e impacto na comunidade, informações sobre o cadastro dos artistas e grupos de rua, enfim, dossiês completos desses 6 anos de trabalho, foram entregues algumas vezes ao poder público municipal. Nunca, nunca tivemos um retorno sequer, nem ao menos uma confirmação de recebimento. Nada!

Com as eleições de 2020, tornou-se possível a retomada do diálogo com o poder público municipal, por meio da Secretaria Municipal de Cultura, e após várias reuniões, muitas delas realizadas em minha casa em Santa Teresa, foi proposto por mim e prometido por eles a criação de um órgão gestor voltado exclusivamente para as artes públicas. Esperamos, sinceramente, que a partir daí novos horizontes tenham se aberto e que, quando você estiver lendo este livro, as artes públicas estejam sendo tratadas pelo poder público com a devida importância.

A história não acaba!

Há uma arte latente em toda a cidade que não se expressa em sua totalidade por acharmos que a arte só pode se manifestar em espaços para ela destinados.

Assim, há uma arte imanente e pulsante na vida e no convívio urbano que não se manifesta de forma livre porque tem de, necessariamente, ser encaminhada para o local a ela destinado, determinando muito de sua forma e, principalmente, de seu conteúdo.

A essa possibilidade e manifestação humana espontânea na vida das cidades queremos chamar de *arte pública*: arte pública é aquela que se manifesta em toda e qualquer parte da cidade, para todo e qualquer público, sem discriminação de nenhuma espécie e que não se compra e não se vende. Sua vocação e natureza é deixar-se devorar pelo espectador com quem dialoga, e obedece ao impulso da mais generosa capacidade de doação do ser humano. Eu não posso vender o que tenho de melhor para dar.

"Não se pode vender o que precisa ser dado" —
são Tomás de Aquino

É importante convencer os governantes de que a arte pública ajuda a organizar a cidade; que os artistas de rua fazem parte de um grande movimento de cidade pública; que uma cidade povoada de artistas, espetáculos, de beleza, de liberdade, de poesia, de colorido, é uma cidade em que vale a pena viver e se pode desenvolver cidadania de primeira classe.

Nunca desistimos da nossa cidadania, pois amamos a cidade e seus cidadãos sem destino, independentemente de classe, cor, credo, idade ou religião. O nosso maior prazer é respeitar o cidadão. Nós queremos ser parceiros do poder público na construção de uma sociedade melhor. Nossa liberdade foi conquistada ao longo de séculos e lutas. São séculos de liberdade que conquistamos ao longo da nossa existência por todos os continentes mundo afora. Ela tem que ser reconhecida. Se perdermos a oportunidade, estaremos fazendo como aqueles que querem a todo custo tirar as esperanças do Brasil. Pensar políticas públicas para as artes públicas significa pensar o mundo de maneira diferente.

Ainda não há um conceito de artes públicas funcionando, no qual não venhamos sempre a reboque da cultura oficial. Nós somos outro setor. Andando em outra direção completamente diferente, que avança quieto: é uma possibilidade de enfrentar o latifúndio cultural.

A história não acabou, e nós, chamados países em desenvolvimento, somos os que temos as melhores condições de propor soluções novas para os velhos problemas da humanidade. "Por que sermos tão espertos, agora que podemos ser um pouco menos ignorantes?", bradava o Galileu Galilei de Brecht diante da dificuldade que tinham os chamados donos do saber de sua época em aceitar as novas verdades que saltavam aos olhos de todos e só eles, os sábios, não conseguiam ver, apegados que estavam ao que já estava estabelecido e se negando a ver o que o povo na rua já pressentia.

Se pelo menos esse tema das artes públicas entrar na pauta de reflexão do gestor encarregado desse setor da vida pública, já teremos dado um grande salto adiante na construção de um outro futuro, melhor do que o que se nos apresenta no momento. É hora de trabalharmos no presente para um outro futuro, ou naufragaremos no tormentoso mar da decadência do Ocidente mercantilista.

Arte Pública — Considerações finais

Depois de mais de 40 anos trabalhando nos espaços abertos em contato direto com a população — que é a sociedade sem classe, sem estratificação social —, eu acabo chegando num lugar maravilhoso dentro de mim, difícil de atingir, que é o meu sentimento de pertencimento a uma sociedade pública, ao mundo público. É o meu sentimento público; eu tenho um sentimento público. Apesar de ter tido uma educação ligada ideologicamente aos valores da pequena burguesia, aos valores do indivíduo absolutamente fechado em si mesmo, através do teatro eu consegui abrir meus afetos e tocar numa área que é a melhor área possível que o ser humano pode ter: a área dos sentimentos públicos, da generosidade, da entrega, da troca.

O que eu aprendi nesses anos todos foi o caráter público da nossa atividade. O que eu fui aprendendo cada vez mais, quanto mais eu me afastava da forma oficial do teatro que me era oferecida — e quanto mais eu buscava uma maneira minha, pessoal de dar uma resposta a essa questão do teatro —, mais eu ia percebendo o caráter público da arte que a gente faz! O teatro é um chamado público. O artista tem necessidade de se expressar. O cidadão tem necessidade de se expressar. A arte não é um produto que se coloca na prateleira do supermercado, isso é uma coisa muito recente. Antes, os artistas eram protegidos dos reis, dos papas, dos mecenas, para fazer as coisas que eles faziam: eles pintavam os santos, eles pintavam a cara dos mecenas deles, mas ninguém botava sua obra no mercado. Faziam as igrejas, os templos, tudo para consumo do público. Faziam estátuas, os gregos faziam os templos... O Partenon não era um museu, era um templo. As obras de arte que estavam lá não tinham o nome de obra de arte. Eram o ser humano mostrando que ele é capaz de produzir beleza e organizar essa beleza no espaço, numa arquitetura, para produzir um crescimento do cidadão que frequentasse aquilo ali. Não era para ser vendido. Van Gogh morreu pobre. Não pintava para vender, mas para se conhecer e organizar o mundo a sua volta. Depois de sua morte seus quadros chegam a valer 100 milhões de dólares! Antes não valiam nada, e o pintor morreu na miséria. Não era "arte" o que produzia? Virou arte depois que adquiriu valor econômico? Michelangelo era um trabalhador braçal. Trabalhou duramente nos tetos da Capela Sistina, no Vaticano. Recebia dinheiro pelo trabalho e não pelo valor artístico do que produzia. O seu trabalho criativo não tinha e não tem preço. Michelangelo fez suas pinturas e esculturas para que todos tirassem proveito delas. Toda a cristandade! Não o artista! A arte era uma manifestação popular, coletiva, na sua natureza ela era isso. E continua sendo. E sendo isso na sua natureza é legítimo, e isso precisa ser reconhecido, que exista um forte movimento de recuperar hoje essa sua natureza de arte pública.

Eu acho que o mundo está se abrindo, as coisas estão saindo para as ruas. Há um desejo incontrolável de vencer a privatização excessiva da vida. Desejo de deixar de fazer uma arte totalmente submetida às questões do mercado, e fazer uma arte aberta para toda a população, fugindo do privado. Se trata da desprivatização da manifestação sensível e artística. É a desprivatização, pela ocupação dos espaços públicos com liberdade. É o acréscimo da liberdade individual do cidadão!

Quando saem para os espaços abertos, os artistas de rua pensam em oferecer o melhor de si mesmos para a população, sem distinção de classe, e por esse motivo podem contribuir muito com o desenvolvimento de uma cidadania ativa e afetiva, estimulando o desenvolvimento de um cidadão pleno no exercício de sua liberdade e criatividade, na expressão de seus melhores sentimentos. E toda pessoa que se dispõe a trabalhar sua afetividade, sua sensibilidade e a organizar seu discurso, pode ser capaz de dominar seus recursos expressivos a ponto de comunicar coisas mais importantes entre um ser humano e outro, aprofundando os níveis de relação que existem. Todas as pessoas que são capazes disso e têm um papel importante na transformação que nós estamos vivendo agora!

Com esse entendimento, comecei a criar uma ideia de arte pública, um conceito de arte pública, que era um conceito que não existia! Hoje alguns países da América Latina já falam em arte pública! A Europa e a América do Norte não sabem do que se trata! Pensam como a gente pensava aqui. No Brasil, antigamente, arte pública eram os monumentos nas praças. No Rio de Janeiro, era a estátua do Tiradentes, na rua Primeiro de Março, ou a estátua de Cabral, na Glória! Hoje não! Hoje, arte pública é a arte que não está submetida ao mercado, que é consumida por todos igualmente, em qualquer lugar; não precisa de lugar certo, não precisa de uma plateia certa, e não depende da bilheteria. Então, depende das pessoas que queiram fazer e de políticas de investimento do setor público, e a partir daí as experimentações são incontáveis; na arte pública tudo é possível.

Nós não temos desenvolvido um conceito de artes públicas que consiga englobar todas as atividades, de todos nós que fazemos escambo no Brasil inteiro. Temos grupos de teatro se movimentando por todo o Brasil, e esses grupos trocam intensamente entre si. Esse movimento não tem nome, não tem definição, não se enquadra na visão de arte que a burguesia mercantilista desenvolveu. Não se enquadra no mercado. Nossa atividade é de arte pública. Nós vamos para as praças, nós vamos para as ruas, nós oferecemos nosso trabalho. Nós achamos que existe uma quantidade grande de doação que é possível ser feita em contato direto com a população.

Nós podemos ser uma possibilidade de um mundo melhor e eu acredito no teatro de rua, na arte pública, como uma possibilidade de redenção. Sair dos espaços fechados e se exercitar no espaço público já significa um compromisso com a utopia. Mas é preciso desenvolver políticas públicas para as artes públicas.

Há uma possibilidade pública no mundo que é essencial, que tem que ser vista, revista, atendida, entendida, e que nós não estamos revendo. Qualquer tentativa de projeção de políticas culturais para a humanidade, para uma cidade, para um estado, para um país, se não tiver dentro dela esse conceito de arte pública para equilibrar com o conceito de arte privada, estará, obviamente, fadada ao fracasso, porque vai deixar de lado uma coisa essencial que é o bem público, a coletividade.

Então, que o poder público, as Secretarias de Cultura, se interessem por isso, se perguntem, deixem de atender a interesses privados, a interesses setoriais, cartoriais, a tendências, a modas e pensem a sociedade como um todo e procurem restabelecer essa harmonia entre o público e o privado, entendendo que o público não é o Estado. Não é o Estado! A arte não é produção do poder público, de jeito nenhum! Arte é obra pública feita por particular. O Estado pode ajudar a regulamentar isso, mas o interesse público não é o Estado que defende, é o cidadão que produz, generosamente, pro mundo onde ele vive. Pensar o cidadão dessa maneira. Se o poder público começar a pensar assim e tentar estabelecer políticas públicas para as artes públicas, ele vai estar avançando. Ele poderá fazer muitas coisas no setor privado, mas não estará contemplando o futuro.

E se nós um dia formos construir outro mundo — e a gente vai ter que construir porque esse tá ruindo e a gente sabe onde vai parar... nós vamos ter que construir outro mundo —, na hora da construção de outro mundo as artes públicas vão ter um papel muito grande, porque são elas que vão recuperar na gente a possibilidade de um processo civilizatório que novamente nos interesse. Porque no momento nós vivemos um processo civilizatório totalmente falido, interrompido, não há mais nenhum valor nessa civilização ocidental no qual a gente possa se agarrar e ter confiança. Não há de ser a economia que vai trazer a saída para a gente: vai ser preciso muita imaginação! Nós estamos vivendo o final de um tempo. A crise econômica e política é grande no país, no mundo, mas a crise moral é maior. Como você vai enfrentar um mundo em convulsão sem valores? Não há valores. Você não pode acreditar mais nesses valores que a burguesia capitalista implantou e agora não significavam mais nada. Não há quem respeite. O desencanto está aí. E para onde eu vou se eu me desencanto? A ausência de perspectiva é muito grande. E quem pode criar e abrir esses horizontes? Eu acho que é o ser humano, a criatividade, a imaginação, eu acho que é o papel que o artista terá, uma função que o artista tem.

Eu acho que o teatro e as artes públicas podem ter um papel muito grande na construção de uma nova etapa de desenvolvimento da humanidade que nós vamos precisar fazer. Enquanto houver teatro há esperança! Eu penso teatro assim, penso o mundo assim, penso a manifestação humana dessa maneira e penso também políticas que venham a contemplar esse aspecto, que é o que há de melhor da natureza humana e não o seu pior aspecto. E se existe um país que tem possibilidade de construir um outro futuro, somos nós!

Mesmo dentro do Brics, que é o futuro... a Rússia é branca, de todos os lados, a Rússia só é branca, muito branca... a China é amarela, amarela, amarela, de todos os lados... a Índia é oliva, é azeitona, é morena, morena, morena, aquele continente enorme tem a mesma cor de cima a baixo... a África do Sul tem negros e brancos, mas eles não estão misturados! Então, de onde é que pode vir a possibilidade de construção de um mundo novo? O Brasil é verde, é preto, amarelo, oliva, azul, azul-claro, azul-escuro, roxo, cor-de-rosa, nós somos todas as cores.

O Rio de Janeiro é a cidade brasileira que tem as melhores condições para promover essa transformação.

O trabalho que eu desenvolvo não seria possível em outro lugar que não fosse o Rio de Janeiro. A sua formação cosmopolita, a sua pluralidade étnica, sua geografia, que naturalmente provoca a convivência entre as diversas estratificações sociais, a cultura do futebol, do Carnaval e das festas pagãs da Igreja

Católica sincretizadas com o candomblé, enfim, tudo que o Rio de Janeiro representa é parte viva da minha formação e do meu desenvolvimento como artista.

Sonho que a cidade do Rio de Janeiro aprenda generosidade e que ela mantenha os artistas de rua. Que seja o chapéu que nos sustente e não a mão da autoridade. E não se trata de fazer grandes eventos em grandes espaços públicos para centenas de milhares de pessoas, mas, sim, de fazer centenas de pequenos eventos que se multiplicarão por toda a cidade com a finalidade de alcançar milhares de pessoas em diferentes pontos dela. Se a cidade fala "O Rio de Janeiro é a cidade dos artistas de rua, e nós somos a plateia desses artistas e temos o maior prazer em patrociná-los!", então quem patrocina a arte pública é o povo da cidade. Nós vamos ter políticas de apoio e sustentação. Mas eu sonho com o dia em que o artista tenha o seu chapéu e a cidade saiba recompensá-lo. E quanto maior a atualidade do nosso trabalho, quanto maior a emoção, a beleza, a alegria, o descanso, a sensatez que a gente provocar nos nossos cidadãos-espectadores, maior também a possibilidade de remuneração. Nosso sonho é que todos nós, artistas de rua, possamos viver disso!

Nós não vendemos, nós não compramos. Mas recebemos na mesma medida em que damos. Quando essa troca estiver bem estabelecida, quem sabe a gente irá construir uma autonomia? Uma cidade que sustenta seus artistas — e não sua vaidade.

Oroboro

Tendo chegado aos meus 85 anos, entre as muitas revelações que venho tendo sobre mim mesmo e sobre o meu trabalho, minha vida, enfim me descobri me encontrando comigo mesmo. Como *oroboro*, a cobra que morde a própria cauda, eu estou, no momento, mordendo minha própria cauda. E quero, por isso, encerrar voltando ao início de tudo. Voltando ao manifesto do grupo de teatro Tá Na Rua, grupo que fundei há mais de 40 anos, e onde está escrito tudo o que disse nestas páginas e que, portanto, já estava em mim desde sempre... eternamente novo e eternamente velho!

Manifesto Tá Na Rua
Ser artista é uma possibilidade
que todo ser humano tem,
independente de ofício, carreira ou arte.

É uma possibilidade
de desenvolvimento pleno,
de plena expressão, de direito à felicidade.
A possibilidade de ir ao encontro
de si mesmo, de sua expressão, de sua felicidade,
plenitude, liberdade, fertilidade.
É de todo e qualquer ser humano.

Isso não é um privilégio do artista,
é um direito do ser humano
— de se livrar de seus papéis,
descexercer suas potencialidades e de se sentir vivo.
Todo mundo pode viver sua expressão
sem estar preso a um papel.
Não se trata de ser artista ou não,
mas de uma perspectiva do ser humano e do mundo.
Não se trata só de todos os artistas serem operários,
mas também de todos os operários serem artistas.

Das pessoas terem relações criativas,
férteis e de transformação com o mundo,
a realidade, a natureza, a sociedade.
O homem não está condenado a ser só destruidor,
consumista, egoísta,
como a sociedade nos leva a crer.

NOTAS

1. Compuseram as mesas de debate: Amir Haddad, diretor do grupo de teatro Tá Na Rua; Zeca Ligiéro, professor associado da Unirio; Chicão Santos, articulador da Rede de Teatro de Rua do Brasil; e Juan Meliá, presidente do Comitê Intergovernamental Antena Iberescena; além de Reimont, vereador do Rio de Janeiro que criou a lei do artista de rua; André Carreira, Udesc e o espanhol Guillermos Heras, professor e mestre em Gestión Cultural, da Universidade Complutense de Madri.

2. A comunicação de experiência prática contou com os grupos vindos de todo o Brasil: Imbuaça (SE); Nu Escuro (GO); Pombas Urbanas (SP); Tribo de Atuadores Ói Nóis aqui Traveis (RS); Escambo (RN); e O Imaginário (RO). Além da comunicação, os grupos mantiveram diversos materiais expostos, como livros, textos, fotografia, ao público durante todo o evento.

3. Fonte: Dicionário Informal.

Claudio Mendes é ator, diretor, autor e produtor de teatro há 36 anos. É formado pelo Curso de Formação de Atores da Faculdade da Cidade, coordenado por Bia Lessa. Tem mais de setenta espetáculos realizados, e seu currículo traz parcerias com nomes como Amir Haddad, Aderbal Freire-Filho e André Paes Leme. No cinema, trabalhou com Arnaldo Jabor, Júlio Bressane, Zelito Viana, Silvio Tendler. Na TV, participou de uma longa lista de programas e séries, trabalhando com nomes como Carlos Manga, Roberto Thalma, Luiz Fernando Carvalho. Por seu trabalho em cinema e teatro recebeu inúmeras indicações e prêmios, como o APTR (Associação dos Produtores de Teatro) de Melhor Ator Coadjuvante por *Agosto* (2018), entre outros.

Daniel Schenker é pós-doutorando em Artes Cênicas pela Unirio (Universidade Federal do Estado do Rio de Janeiro) e bacharel em Comunicação Social pela Faculdade da Cidade. Trabalha como professor de História do Teatro da Faculdade CAL (Casa das Artes de Laranjeiras) de Artes Cênicas. Integra as comissões dos prêmios de teatro da APTR (Associação dos Produtores de Teatro), Cesgranrio e Questão de Crítica. É crítico de cinema do jornal *O Globo* e de teatro do blog danielschenker.wordpress.com. Exerceu as atividades de repórter e crítico em diversos jornais e revistas: *Jornal do Brasil*, *O Estado de S. Paulo*, *Tribuna* da Imprensa, Jornal do Commercio, Bravo!, IstoÉ Gente e Revista de Teatro SBAT. É autor do livro Teatro dos 4 — A cerimônia do adeus do teatro moderno (7Letras, 2018).

Gustavo Gasparani é ator, diretor, dramaturgo e fundador da Cia. dos Atores. Por seu trabalho recebeu os principais prêmios de teatro do país, como o Prêmio APCA (Associação Paulista de Críticos de Arte) de Melhor Ator por *Ricardo III* (2013), de William Shakespeare. Nos últimos anos desenvolve uma dramaturgia genuinamente brasileira para o nosso teatro musical, realizando espetáculos como *Otelo da Mangueira, Samba Futebol Clube, Zeca Pagodinho — Uma história de amor ao samba, Bem sertanejo* e *SamBRA — 100 anos de samba*, entre outros. Tem quatro livros publicados: *Em busca de um teatro musical carioca* (Imprensa Oficial, 2010), *Na Companhia dos Atores* (Senac Rio, 2006), *As matriarcas da avenida* (Novaterra, 2019) e *Três poetas do samba-enredo: Compositores que fizeram história no Carnaval* (Cobogó, 2021).

Agradecimentos

Angela Rebello, Antonio Pedro, Arnaldo Marques, Beth Néspoli, Biza Vianna, Claudio Boeckel, Cláudia Versiani (*in memoriam*), Claudio Rocha (Casa das Artes de Laranjeiras), Eva Doris Rosental, Fabiana Fontana, grupo de teatro Tá Na Rua, Iris Bustamante, Isis Martins, Jacqueline Laurence, Jean Arlin, Jitman Vibranovski, Leonardo Bruno, Licko Turle, Lorena Silva, Luís Francisco Wasilewski, Maria Helena Cruz, Mariana Filgueiras, Máximo Cutrim, Nando Rodrigues, Pedro Neves, Rachel Almeida, Regina Gutman, Renata Sorrah, Ricardo Valle, Stella Stephany e Tereza Seiblitz.

© Editora de Livros Cobogó, 2022

Editora-chefe
Isabel Diegues

Editora
Aïcha Barat

Gerente de produção
Melina Bial

Revisão final
Eduardo Carneiro

Projeto gráfico e diagramação
Mari Taboada

Capa
Bloco Gráfico

Foto da capa
Renato Velasco

CIP-BRASIL. CATALOGAÇÃO NA PUBLICAÇÃO
SINDICATO NACIONAL DOS EDITORES DE LIVROS, RJ

A539
Amir Haddad de todos os teatros / Amir Haddad ; organização Claudio Mendes , Gustavo Gasparani ; [Daniel Schenker]. - 1. ed. - Rio de Janeiro : Cobogó, 2022.

176 p. ; 21 cm.

ISBN 978-65-5691-069-7

1. Haddad, Amir. 2. Diretores e produtores de teatro - História. I. Mendes, Claudio. II. Gasparani, Gustavo. III. Schenker, Daniel.

22-77974   CDD: 869.209
       CDU: 821.134.3-2(81).09

Gabriela Faray Ferreira Lopes - Bibliotecária - CRB-7/6643

Nenhuma parte desta obra pode ser reproduzida, adaptada, encenada, registrada em imagem e/ou som, ou transmitida de nenhuma forma ou por nenhum meio sem a permissão expressa e por escrito da Editora Cobogó.

Todos os direitos em língua portuguesa reservados à
Editora de Livros Cobogó Ltda.
Rua Gen. Dionísio, 53, Humaitá,
Rio de Janeiro, RJ, Brasil — 22271-050
www.cobogo.com.brv

2022

―――――――

1ª impressão

Este livro foi composto em Calluna.
Impresso pela BMF Gráfica e Editora,
sobre papel Pólen Soft 70 g/m².